Asia's New Order

亚洲新秩序

郑永年 著

SPM
南方出版传媒
广东人民出版社
· 广州 ·

图书在版编目（CIP）数据

亚洲新秩序／（新加坡）郑永年著 . —广州：广东人民出版社，
2018.9
ISBN 978-7-218-13181-8

Ⅰ.①亚… Ⅱ.①郑… Ⅲ.①亚洲-研究 Ⅳ.①D73

中国版本图书馆 CIP 数据核字（2018）第 211889 号

YAZHOU XINZHIXU
亚洲新秩序
郑永年 著

出 版 人：肖风华

主 编：李怀宇
责任编辑：李展鹏 张 静
装帧设计：张绮华
责任技编：周 杰 吴彦斌

出版发行：广东人民出版社
地 址：广州市大沙头四马路 10 号（邮政编码：510102）
电 话：(020) 83798714（总编室）
传 真：(020) 83780199
网 址：http：//www.gdpph.com
印 刷：广东信源彩色印务有限公司
开 本：787mm×1092mm 1/32
印 张：6 字 数：140 千
版 次：2018 年 9 月第 1 版 2018 年 9 月第 1 次印刷
定 价：39.00 元

如发现印装质量问题影响阅读，请与出版社(020-83795749)联系调换。
售书热线：(020) 83793157 83795240 邮购：(020) 83795240

目　　录

自　序

　　广东人民出版社的李怀宇先生这些年来一直关注海外华人学者对中国的研究，他频繁走访他们，在把海外中国研究介绍给中国读者方面花费了不少心血，已经出版了介绍海外学者及他们的研究的数本著作，令人印象深刻。他数次来新加坡和我交流，经常谈及这些年来我所进行的研究。他对我有关亚洲新秩序的一些看法非常感兴趣，认为可以围绕这个主题出版一本集子。不过，我主要的关切点还是中国以及围绕中国的国际关系和外交政策。在我把计划中的中国研究项目做完之前，或者说在把中国研究得比较透彻之前，我并没有计划出版一本专门有关亚洲秩序的书。但我还是答应了他的要求。这是因为：首先，中国研究是一个开放的系统，永无止境。这些年来，随着研究的深入，就出现越来越多的研究课题，都很重要，自己也都很有兴趣。其次，没有一个人可以声称自己可以把中国研究透了。实际上，研究越深入，越发现自己做的事情实在很少、很小。要把中国研究透的想法是不现实的。再者，回顾一下自己这些年走过的研究道路，发现的确已经写了不少有关亚洲秩序的文章。其实，这也不难理解。我一直关切中国内部的改革发展及其外部影响。在中国改革开放以来，中国所发生的一切实际上和亚洲秩序的变迁密切相关。不讨论亚洲这数十年来的变化就很难理解中国本身的变化；同样，不理解中国这些年的变迁也很难理解亚洲秩序的变化。现在中国已经崛起成为世界第二大经济体和最大的贸易国，亚洲秩序的变化更离不开中国因素。尽管中国本身并没有称霸亚洲的想法，但中国崛起本身已经把中国推到了亚洲秩序的中心位置。从这个角度来说，今天我们探讨中国崛起之后的亚洲秩序，无论从学术上还是政策上都是一件非常有益的事情。

不过，答应了怀宇先生又觉得后悔，因为要从过去的研究文章中挑选一些并整合成一本比较系统的著作实在不易。但既然已经答应，也只好继续做下去。利用春节期间的几天假期，我把原来的研究文章找出来好好看了一遍，对自己的研究又有了新的"发现"。我很快就找出一条组织文章的有效思路来。更为重要的是，我并不觉得这些文章需要做很多修改。多年来，我也讨论一些亚洲时事变化，但这样做的时候，总是把时事变化置于宏观历史中来讨论，无论是世界历史还是亚洲历史。这种讨论方法使得文章具有了一种"长效"价值。重读旧文，尽管时事不一样了，但背后的逻辑仍然如此。实际上，经常回顾一下自己以前的研究，更能知晓自己是否有能力提供有效的知识。知识如果经不起时间的检验，那么研究者就要进行深刻的反思了。

因此，这里也没有必要概括这本书的主体思想了，让读者自己去发现、去解读是一种更好的办法。但利用这个时间，我想简单讲一下这本书的"组织"思路，作为"导读"。这本书分为三大部分：

第一部分讨论西方秩序目前所面临的困难和危机。为什么一本讨论亚洲秩序的书要从讨论西方秩序开始？道理很简单。现在我们所看到的亚洲秩序是西方秩序在亚洲的延伸。直到今天，亚洲很多国家的内部秩序高度依赖西方秩序。西方内部秩序的变化必然对亚洲各国和各地区产生深刻的影响。从西方秩序变化看亚洲能给人一个新的视角。

第二部分讨论全球化状态下的亚洲社会的政治经济秩序变化及其面临的挑战。

　　第三部分围绕中国崛起来讨论亚洲地缘政治秩序。文章原来的目的是讨论中国崛起过程中所面临的各种挑战和困难的。不过，现在把文章置于中国崛起对亚洲地缘政治秩序重塑的构架中，则别有一番新的意涵和理解。如果说，中国的崛起既不可避免，也在很大程度上变成现实，那么中国如何塑造亚洲秩序便成为人们关切的问题。实际上，这个问题也是那么多年来亚洲社会和国际社会所关切的问题。不过，正如讨论亚洲社会内部政治经济秩序时离不开讨论西方，讨论亚洲地缘政治秩序也离不开讨论外部力量，尤其是美国的力量。在很大程度上说，直到最近，亚洲地缘政治秩序仍是西方（尤其是美国）为中心的地缘政治秩序在亚洲的延伸。只不过中国的崛起又必然导致其地缘政治影响力的产生和发展。今天的亚洲地缘政治秩序实际上是以西方（美国）为中心的旧秩序和以中国为中心的新秩序互动的产物。中国如何处理与旧秩序的关系决定了这个新秩序是怎样的。这部分界定了十三个大方面来讨论中国的崛起和亚洲秩序。

　　本书所收录内容已经在不同地方发表过，其中几篇和杨丽君教授合著，这些在每一部分最后都有说明。这次出版，对内容进行了一些修订。在不同时段的研究和写作过程中，作者受惠于与很多学者的讨论和交流，再次感谢他们，但不一一列举名字了。也非常感谢李怀宇先生，没有他的倡议和"施加"的压力，作者也不会有出版这本小书的想法。最后，文责自负，文中所出现的错误都是作者自己的。

郑永年

2017 年 3 月 12 日星期日

于新加坡国立大学东亚研究所

21 世纪的民主危机

　　苏格兰试图通过公投的方式寻求和平独立。尽管多数人民选择留在英国，但高度分权和自治则是英国必须履行的承诺。也就是说，苏格兰人用民主的方式"解构"着原来统一的中央集权式民族国家，一旦高度分权自治，原来的英国将不复存在。这并不仅仅是英国的问题，欧洲很多国家正在面临类似的问题和挑战。欧洲是近代主权国家的诞生地，民族主权国家的概念和组织形式从欧洲扩散到世界各地，到当代，没有一个国家不自称为民族国家，即便实质上并不完全是。不过，今天，过去促成近代民族国家诞生的一些原则也在促成其转型甚至解体。

　　中东地区的政治发展更令人担忧。近代以来，中东的政治秩序的演变本来就和西方密切相关，中东先是欧洲殖民地，后是美国的。正是欧洲和美国的介入，或者确切地说，西方强权对中东国家的征服，才使得中东国家政权形式具有了现代性。但是，在欧洲和美国的支持下，现存中东秩序有的已经彻底解体，有的正在解体。在原来的政权解体之后，也并没有出现西方所希望的民主政体，更多出现的是西方所说的"失败国家"。更为严重的是，在原来的国家"失败"之后，类似"伊斯兰国"的"不一般"的权力组织崛起，不仅对区域构成了威胁，而且随时可以威胁到整个世界。

　　从总体来看，欧洲传统民主政治的变迁表现为和平，中东政治变迁则表现为暴力和无政府，而世界上其他很多地区则处于欧洲和中东之间，有暴力的，也有相对和平的。

　　实际上，近年来，民主已经再一次成为国际学术界和政策界最热门的一个话题。当然，这次的热点不再是 20 世纪 90 年代初哈佛大学教授亨廷顿（Samuel Huntington）所说的"第三次民主化浪潮"，而是相反，这次人们热烈讨论的是民主所面临的危机。西方的一些政策和新闻杂志如《美国利益》（*The American Interest*）、《外交政策》（*Foreign Policy*）和《经济学人》（*Economist*）等连续发表文章和评论，讨论这个问题。人们只要看看作者们所使用的那些概念和标题就会大体上知道他们所要探讨的问题，例如"民主的衰落"（decline of democracy）、"民主萧条"（democratic recession）、"民主的回撤"（democracy in retreat）、"民主的倒退"（democratic reversal），等等。

　　的确，无论在西方发达国家还是在非西方的发展中国家，今天的民主都面临着严重的挑战和深刻的危机。但在发达国家和发展中国家，民主所面临的挑战和危机表现为不同形式。总体来说，作为一种政治制度，民主产生于西方，自西方向非西方传播和扩张，而这个传播和扩张过程的背景，就是西方的地缘政治利益的扩张过程。这个过程并非简单。且不说在西方内部，民主在不同历史阶段的演变所带来的巨大的政治变革，民主从西方到非西方的扩张的过程更是充满戏剧性，不乏期待和欢乐，也不乏暴力和血腥。无论已经民主化的国家，正在民主化的国家，还是那些还没有民主但在追求民主的国家，都必须思考今天民主所面临的问题。

　　本文分成四个部分。在第一部分，我们讨论西方主流社会是如何认识这场世界性民主秩序危机的。第二部分从民主国家和地区的内部治理的角度来讨论民主秩序危机。第三部分再从地缘政治的角度来分析外部地缘政治的变迁是如何影响一个国家和地区的民主秩序的。第四部分，我们针对这场危机的未来做些分析，也尽量揭示其与中国的相关性。

一、西方所认知的当代民主危机

民主到底面临着怎样的挑战和危机呢？我们先来看看西方学者的论述，他们是如何看待和诊断今天西方和非西方民主所面临的问题的呢？

简单地说，西方发达国家的民主普遍呈现出一种现象，那就是两个极端现象的共存：一方面是公众对民主制度的普遍冷漠，另一方面是西方社会的激进化。公众对民主的冷漠已经持续了很长时间。例如，发达国家的选举投票率一直不高，民众并不认为民主与自身利益有很高的相关性。但社会的激进化则是最近的发展。西方社会在20世纪60年代，社会曾经出现激进化，但此后社会就处于比较稳定的状态。在很长时间里，激进化一直被视为非西方世界发展中的社会现象。最近西方社会激进化的主要原因在于西方所面临的经济危机，欧洲的希腊和西班牙的社会运动、美国的占领华尔街运动都是激进化的体现。

民主衰落的最直接原因在于中产阶级的衰落。中产阶级可以说是当代大众民主的主要力量。美国历史学家有句名言："没有资产阶级便没有民主。"那是指早期精英民主时代。在当代的大众民主中，人们可以说："没有中产阶级便没有民主。"很多学者，包括亨廷顿和利普赛特（Seymour Martin Lipset）等都把民主和中产阶级的政治参与联系起来。在他们看来，中产阶级是一个社会最渴望和追求自由并且也有能力去追求自由的阶层。但现在的情况与这些学者的期望刚好相反，中产阶级似乎不再渴望和追求自由了。当然，在这个背后，人们更需要提出的是一个更深层次的问题，那就是西方的中产阶级到哪里去了？

不过，民主与政治参与之间始终是有矛盾的。民主需要政治参与，也就是说民主需要民众一定程度的政治热情；没有这种热情，表明他们没有政治参与的动力。从这个角度来说，政治冷漠是民主的敌人。不过，如果政治参与过度，那么民主又会发生危机。西方社会在20世纪60和70年代所经历的民主危机就被西方学者称之为过度参与危机。如果每一个人都积极参与政治，那么就会使得民主制度负担过重。

但是，只强调西方民众的政治冷漠远远不够。政治冷漠是有其背后深刻的原因的，只看到民众的政治冷漠就很难找到西方民主所面临的政治和经济问题。实际上，在政治冷漠的同时，西方民主也出现了上面所说的激进化，那就是"街头斗争"。民众选择街头斗争这种形式，而非正常的、制度化的途径（例如参加选举），有很多原因，其中主要的因素是民众不再相信这些既定的制度化参与途径仍然具有能力解决民主所面临的问题，满足社会的需求，所以，他们要另辟蹊径。历史地看，街头斗争是一种很古老的参与形式。

在非西方社会，民主的情况更为糟糕。越来越多的发展中国家，民主要不已经失去了其进步的动力，要不已经沦落为政客们操纵的民粹主义。在埃及，伊斯兰主义运动在推翻了旧政权之后，便挟持了民主，试图重新把国家转型为宗教政治。在泰国，民主不仅没有使得国家的各个社会阶层更加整合，相反，民主在有效地分化着社会，使得国家经常处于无政府状态。在俄罗斯，尽管苏联解体之后，出现了多党制、选举等西方界定为民主的东西，但实际的人权在恶化。在乌克兰，民主只是腐败寡头政治的轮流执政，与民众没有多少关系；分裂的政治力量更使得国家面临外力的干预，导致国家的分裂。在很大程度上说，在非西方，很难找到几个运作良好的民主政治。一个有趣的现象就是：一方面，民主还继续在非西方扩张，或者说民主仍然是非西方国家所追求的政治目标或者价值，从而出现了一种全球范围内的泛民主主义。今天，没有一个国家在进行政治建设或者改革时会缺失"民主"这个概念，大家都认为需要民主，也相信自己在追求民主。但另一方面，伴随着民主快速扩散，出现民主的"劣质化"。所有这些社会只有西方式民主的表象，而没有西方式民主的实质。

不管怎样，今天的民主政治面临来自各个方面的威胁。这些威胁也导致了"民主的倒退"。西方的一些主流学者指向了如下几个主要威胁：

第一个威胁来自非西方世界的"竞争性权威主义"（competitive authoritarianism）和"模拟民主"（imitation democracy），也就是说，非西方社会的新兴民主中，"非自由主义民主"（illiberal democracy）越来越多。非西方社会的这些"非自由主义民主"威胁着西方真正的民主。在这些"非自由主义民主"中，很多国家使用民主的制度和话语来维持实际上的统治者的个人权力或者统治集团的权力。

第二个是西方民主更面临着来自权威主义的政治威胁。从历史上看，民主社会一般也是富裕社会，民主是和富裕联系在一起的。这里的逻辑就是，"要富裕，找民主"。但某些实行权威主义政治的国家即使没有西方式的民主，同样可以致富，并且以更快的速度致富。这种模式对很多发展中国家尤其是那些仍然处于贫穷的发展中国家具有很大的吸引力。

第三个威胁来自西方国家本身，也就是原来民主国家的民主制度的衰落。主要在于，支撑西方传统民主的基础在当代社会已经不再存在。上面所讨论的中产阶级的衰落就是一个主要因素。（当然，中产阶级问题只是表象，西方民主衰落具有更深刻的根源。）

第四个威胁来自西方国家没有能力将其价值观和其外交政策有机地结合起来。这里指的是民主扩散过程的政治动力危机。民主从西方向非西方扩散的过程并不是一个自然的过程，而是人为推动的过程，其中西方政府的推动扮演了关键角色。在很长历史时间里，西方各国总是能够把其民主价值和其外交政策有机地结合起来。在冷战期间和之后，或者说苏东剧变之后，西方国家能够把外交政策和其价值观结合起来，尽管这种结合并不总是成功的。

实际上，西方民主本身的生存和发展需要一个有利的国际环境。在苏联存在的时代，西方视共产主义为大敌，西方文明之下的国家能够团结起来，聚焦于其民主价值，使用各种方式来扩散其民主的力量。二战之后，西方民主之所以能够迅速在非西方世界扩散，和西方世界尤其是美国所拥有的经济、军事和政治优势是分不开的。但今天的西方已经对价值外交力不从心了。例如，一直致力于推动西方民主全球化的美国，现在已经变得更加"内向型"了。美国出兵伊拉克和阿富汗不仅是为了反恐，而且也是为了推行民主，但现在尽管那里的民主没有一线巩固的希望，美国却由于国力的衰退，努力想从这两个国家撤出。同样的原因，美国不愿意有力干预叙利亚，对乌克兰局势也一筹莫展。一旦当西方民主的"输出国"缺少输出能力的时候，不仅西方的输出过程没有了动力，而且现存的非西方民主也会出现问题。

第五个威胁来自对民主的简化。无论是西方内部还是非西方国家，民主越来越简化成为选举。选举本来就只是民主的一个部分，民主还有比选举更重要的要素，例如道德价值、文化传统、精英共识等等。但现在的民主过分强调选举，忽视了民主的其他价值观和法治。"没有选举，便没有民主"，这是西方的信念，因此西方不仅仅自己注重选举，而且还大力在非西方国家推行选举，似乎一旦有了选举，这个国家就可被视为是民主的。同样，这也是非西方的信念，在非西方世界的争取民主者，无一不是把选举作为目标的。但正是这种简化，使得民主失去了其传统的核心价值，成为政治人物获取权力的一种工具。

当然，对民主构成的威胁远远不止这些因素，但这些因素是大多数西方学者所认可的。不难发现，不管什么样的因素，可以把它们分为三类，即西方民主内部的问题、非西方民主所面临的问题和民主从西方向非西方传播和扩散过程的问题。对西方学者对民主所面临的问题尤其是非西方世界的民主所做的分析，人们可以有不同的意见和评估，但如果人们从这三个层面来讨论民主问题，的确可以促成和深化人们对 21 世纪民主所面临的挑战的认识。

二、政治治理与当代民主问题

在讨论当代民主危机的时候，一些西方学者从一个民主国家内部政治治理的角度提出了两个很有意义的问题：第一个是针对西方民主的，即西方社会所面临的民主危机到底是因为西方民主制度本身所存在的缺陷所致，还是由目前的西方自由民主模式的缺陷所致？第二个问题是针对非西方国家的民主的，即在发展中国家，民主的倒退并且转向权威主义到底是因为这些社会希望权威主义的统治还是这些社会的民众对现存"半民主"状况的不满？

这两个问题对人们分析当代民主问题具有指引作用，即引导人们提出更为深刻的问题。人们不难从这两个问题出发，再深入来讨论至少如下几个方面的问题：

第一，民主发生在西方和非西方，这并不是说西方和非西方民主所指的不是同一个东西，但民主在西方和非西方的表现形式是否不同？民主是从西方扩散到非西方的，那么至少可以说西方和非西方民主处于不同的阶段。

第二，西方把自己的民主视为自由民主，但这种民主不是从来就是这样的。就是说，即使在西方，民主也具有历史性，传统的民主制度和现行自由民主制度模式是很不相同的。所以，如果民主具有阶段性特征，那么民主也必须是变化的。

第三，在发展中国家，民主经常出现"倒退"，即退回到原先的权威主义体系。也就是说，非西方的民主往往呈现出不稳定性。那么这种不稳定性的根源是什么？是民主形式出现了问题，还是那里的社会出现了问题？

第四，发展中国家民主的倒退或许是因为人民对民主的不作为感到不满意，或者是对现存的"半民主"状态不满意。这种现象在发展中社会非常普遍。很多人对民主现状不满意，希望现在的"半民主"状态演变成为西方式的"全民主"状态。很少有人会说民主形式有问题，而往往认为是民主不足。不过，这里又可以提出一些更深层次的问题，那就是，为什么发展中国家的民主往往是"半民主"而非"全民主"？为什么"半民主"状态很难转型到"全民主"状态？这种转型的困难到底是因为制度设计、政治精英等人为的因素还是有其他的客观因素？

民主是具有历史性的。人们把西方民主称为自由民主模式，但这一民主模式产生的时间并不很长。现在，很多西方学者和政治人物把非西方民主统称为"非自由民主"、"竞争性权威主义"和"模仿民主"等等。但历史地看，西方民主在很长的历史时间里也都是"非自由民主"。西方民主制度的核心——普选权也只有在 20 世纪六七十年代才得以真正实现。之前，对选举权有诸多的限制，例如财产、性别、种族等等。美国被视为是民主的典范，但美国民主在很长时间里保留着奴隶制度，直到林肯总统的时候才废除。如果说当时的西方民主是自由的，那也只存在于精英之间，也就是精英民主。因此哈佛经济史学家熊彼特（Joseph Alois Schumpeter）给民主的经典定义就是精英们对大众选票的竞争。

今天人们在西方所看到的大众民主，也就是"一人一票"的民主，到了第二次世界大战后才全面实现。不难看到，大众民主的实现是有复杂的政治、经济和社会等前提条件的。首先是经济的。经济的发展尤其是工业化和城市化不仅使得越来越多的人口卷入国家的经济活动，而且也使得他们的收入水平提高，身份转换（例如从农民到工人、从工人到中产阶级等）。其次，从政治层面来说，在欧洲，早期平民进入政治过程的一个重要原因是战争，政府动员平民为国家而战，相应地也要赋予他们参与政治的权利。平民的政治参与到了二战之后迅速扩展开来，政治参与越来越成为民众权利的一部分。最后，从社会层面来说，大众民主离不开大众教育。政治参与并非简单的投票行为，在投票的背后更是对政治人物及其政策的理性选择。要做理性选择，对信息的掌握和分析至关重要。教育的重要性也体现在这里。简单地说，从社会结构来说，中产阶级是大众民主的主柱。实际上，这一切前提都反映在中产阶级身上，例如有产、对社会的贡献、教育、理性、独立、宽容等等。

所以，说穿了，民主就是精英与平民之间的一种互动形式。精英和平民的质量都非常重要。同样重要的是这两者之间互动的平台，即法治之上的政治架构。

说西方当代民主出现了问题，那么就要从精英和平民的互动及他们互动的平台去找。在精英层面，大众民主所带来的最大影响就是政治的去道德化和价值化。传统民主可以理解为精英之间的互动。精英之间的共识至为重要，他们对民主具有共同的认同，具有相当一致的道德价值，遵守共同的规则。他们之所以这么做是因为传统民主中能够参与政治的是少数，选票的作用并不是很大。诚如马克思所说，民主是不同政党的轮流执政，但无论哪一个政党执政，都是代表"资产阶级"（可解读为当时的"中产阶级"）的利益。在很大程度上，精英民主就是精英之间的互相"选拔"，民主只是对所"选拔"出来的候选人的一种正式认可。

但在大众民主时代，精英政治发生了巨大的变化。在众多变化中，去道德化和价值化对民主质量的影响最大，也最为负面。为什么？很简单，大众民主下，选票成为唯一的衡量标准。谁是精英取决于谁得到的选票最多。选票就是权力。在一切为了选票的情况下，民粹主义变得不可避免。今天，民粹主义不仅仅是发展中国家的政治现象，更是发达国家的现象。民粹主义也改变了政党之间的互动模式，反对党往往是为了反对而反对，从传统的"忠诚的反对派"演变成为否决党。

在精英政治层面发生巨大变化的同时，社会的质量也发生了变化。民主表明，政治参与，市民社会扮演关键角色，市民社会的质量决定了民主的质量。法国作家托克维尔（Alexis de Tocqueville）在其所著《美国的民主》中向人们展示了中产阶级、市民社会、社会自治和理性等在美国民主过程中的作用。以中产阶级为主体的市民社会具有良好的经济条件、受过良好的教育、为社会的道德载体、对公共事务热心，这些特质决定了市民社会不会被政治精英们盲目地动员起来，而实现自主的自下而上的政治参与。

不过，在今天，传统上支撑民主政治的中产阶级精神急剧衰退。为什么会衰退？自20世纪80年代以来，这是西方学者一直在探讨的一个重要问题。在众多因素中，全球化及其导致的经济结构的变化已经大大挤压了中产阶级的生存空间。在全球化时代，政府保障中产阶级的能力大大下降。如同早期原始资本主义时代，全球化时代又是一个资本统治的时代，资本可以流向任何一个地方，真正掌握着自己的命运，而政府的经济主权已经荡然无存。当税收可以逼走资本的时候，中产阶级便成为政府征税的主要对象。再者，今天的产业结构与传统产业结构已经大不相同。传统中产阶级是传统产业结构的产物。今天的产业结构，无论是金融还是信息技术，注定只能产生绝少数富翁和绝大多数低薪者，这是一个产生不了庞大的中产阶级的产业结构。在这样的情况下，收入分配高度不公，社会高度分化，中产阶级的生存环境也跟着迅速恶化。一个国家有富人和穷人并不可怕，但如果穷人占据人口的绝大多数，财富掌握在少数富人手中，中产阶级小得可怜，那么传统中产民主也就失去其社会基础。更为糟糕的是，当中产阶级被挤压而变得捉襟见肘的时候，大众民主迫使政治人物诉诸民粹主义来获取政治权力，传统民主的理性精神包括法治便消失了。

当人们的眼光从西方转向非西方社会的民主时，就会发现非西方的情况更为严峻。这里精英之间没有共识，平民不知道民主为何物，精英和平民之间缺失有效的互动平台。在西方，民主往往是社会经济发展的产物。尽管民主革命和社会运动扮演了重要角色，但民主一旦产生，就具备其生存的社会经济基础。但在发展中国家，民主往往是人为引入的产物，一些民主的产生是通过欧洲殖民地主义，另一些则是在发展中国家政治精英们反殖民地的过程中产生的。也就是说，这些人为引入的民主根本没有社会经济的基础。这种情况在西方之外的拉丁美洲、非洲和亚洲都存在着。政治精英之间毫无共识，政治的目的就是政治，民主只意味着政治人物各自挟持着自己的支持者竞争国家有限的资源。

平民层面也一样。这些国家的社会经济发展水平仍然低下，很多人仍然没有解决好温饱问题，人们受教育水平也较低。当政治人物告诉他们"民主（可解读成为'支持我！'）可以给你带来美好的生活"的时候，人们就信以为真。对他们来说，投票（民主）是走向衣食温饱的手段。当平民对民主持这种态度的时候，他们就为政治人物的民粹主义提供了无穷的社会力量。而这种民粹主义所带来的仍然是贫穷，是无政府。

在发展中国家，人们更难找到像西方那样的规制精英和社会互动的法治制度。这些国家尽管表面上也存在着类似西方的民主制度，例如多党制、三权分立、自由媒体等等，但这些都仅仅停留在纸面。如果和西方比较，这种情况很容易理解。在西方各国，发展的顺序都是国家制度建设在先，民主化在后。人们现在所看到的西方，大部分基本国家制度都是在民主化之前就已经建立起来了。道理很简单，任何国家制度建设都需要权威，而作为分权的民主往往和制度建设相冲突。经验地看，民主制度对国家制度建设的贡献寥寥无几。这个顺序在后发展中国家（post-developing country）便倒了过来，往往是民主化在先，国家制度建设在后。不过，实际上，一旦大众民主化发生，很多基本国家制度包括法治就根本建立不起来。在没有基本国家制度的情况下，民主往往成为政治激进化的根源。

这里还有一个重要的问题，即民主作为一种价值和作为一种制度手段之间的区别。从发展顺序来看，西方早期民主的产生主要是作为一种制度安排来解决精英之间的权力分配问题。不过，后来民主越来越被提升为一种价值，一种人生而有之的权利。但实际上并不是这样的。天赋权利只是一种理论上的假设，任何权利的实现都不是从天上掉下来的，而是需要很多前提条件的。在西方，权利的实现是一个漫长的过程。英国学者马歇尔（Thomas Humphrey Marshall）在这方面有很好的论述。他认为英国人公民权（citizenship）的实现经历了三个阶段，即18世纪的市民权利、19世纪的政治权利和20世纪的社会权利。西方发达国家基本上都走过这三个阶段。当然，这并不是说，所有国家，权利实现的顺序必须是相同的。这里要强调的是，到了后发展中国家，人们往往把民主作为一种价值和权利来追求，而往往忽视这些权利实现的经济、社会和政治条件。结果，超前实现权利的价值观与客观的社会、经济和政治条件之间经常发生严重的冲突，反而导致权利的无法实现。

不过，在后发展中社会也有成功的民主化的例子。东亚的日本和"四小龙"是典型。日本、韩国、新加坡、中国台湾已经实现了西方式的民主，中国香港的民主化也在进行。不是说这些民主不存在任何问题，而是说这些国家和地区以比较和平的方式实现了民主。这些国家和地区成功的地方是走出了一条与西方不同的道路。东亚模式可以简单地概括为"先经济，再社会，后政治"或者说"先生产，再分配，后政治权利"。先发展经济，再发展社会政策（公共服务），然后再进行政治开放。

这个顺序使得民主政治有了比较坚实的社会经济基础。同时，这个顺序也改变了政府与中产阶级之间的关系。因为中产阶级本身是政府政策的产物，那么中产阶级往往成为政府的支持力量。很多发展中国家中存在的政府与社会之间的紧张关系，并没有出现在东亚社会。不过，应当指出的是，受经济全球化的影响，今天东亚社会也面临着发达民主国家所面临的问题。民主化形式也被人为地仿照西方。不过，东亚社会所面临的这些问题和发展中社会的问题不是同一个性质。

今天的民主面临很多问题，既有发达国家高收入民主的困境，也有发展中国家低收入民主的困境。尽管这样，民主仍然会是发展中国家人们所追求的价值。但正如本文所讨论的，追求民主可以有不同的方法，民主的实现必须考虑到各种条件。如果通过激进的方式也就是在没有任何支持条件下实现民主，那么民主必然会和低度发展、贫穷、分化、混乱等诸多人们不想要的东西联系在一起。如何实现好民主而避免坏民主？无论是发达国家还是发展中国家都面临这个问题。

三、地缘政治和民主秩序危机

前面的分析可以说是从今天日益流行的"政治治理"的角度而展开的，就是说主要围绕着一个国家和地区内部的政治、经济、社会和文化要素来分析民主秩序危机的。但如果跳出内部因素，而从一个国家和地区所处的外部环境，也就是地缘政治环境来看，那么我们就可以对民主秩序所面临的危机的深刻性有更深刻的认识。有一点是很明确的，那就是，近代以来，不仅民主政治秩序，而且所有以民族主权国家为基础的政治秩序，都是西方的地缘政治秩序扩张的结果。

历史地看，政治秩序建设从前是问题，现在是问题，将来也一直会是问题。在近代欧洲民族国家诞生之后，欧洲哲学家包括黑格尔（Georg Wilhelm Friedrich Hegel）曾经认为"民族国家"是"历史的终结"，也就是说，民族国家是人类社会各种制度的最后最完美的阶段。之后，马克思（Karl Heinrich Marx）等更是预言，国家最终会随着人类的进步而终结。同样，在苏联东欧共产主义解体之后，就有美国学者（例如福山）出来说西方自由民主是"历史的终结"，即西方式民主是人类所能拥有的最完美的政治制度。有人已经指出，这种思维和"人类末日"论者的思维没有多大的区别。实际上，有关"历史终结"的观点一方面是西方世界人类进步观（往往是历史单向线性观）的反映，另一方面也反映了近代以来西方式民主一直在不断扩张的乐观情绪。不过，在经验层面，这种乐观的观点很难找到足够的支持。如果人们深入考察，不难发现，西方式民主政治是随着西方的地缘政治扩张而扩张到非西方世界的，但随着西方民主的扩散，不仅民主的形式在不断变化，而且民主的质量也在转变。也就是说，这是一个过程的两个方面，一方面是扩散，另一方面是扩散过程中所包含的危机。

如前面所讨论过的，近代形式的民主或者"一人一票"的选举制度起源于西方，逐渐向非西方国家传播。在西方，有大量的著作描述西方民主发生和扩散的过程，但近来最著名的还是哈佛大学教授亨廷顿生前所著的《第三波：20世纪后期的民主化浪潮》。在这本书中，作者不仅论述了民主从西方向非西方传播的过程，而且也花了很多的篇幅来讨论民主发生和传播的条件。但很多人把亨廷顿的观点"庸俗化"，仅仅把民主作为一个价值和政治意识形态，把民主和"历史的终结"联系起来。

根据亨廷顿的说法，第一波民主发生在19世纪早期，主要是民主在西方文化圈的扩张，其标志是普选权扩展到了白人男性。在其顶峰，第一波浪潮产生了29个民主国家。直到1922年，意大利的墨索里尼上台，第一波民主出现倒退，低潮的时候只剩下12个民主国家。第二波民主浪潮发生在二战之后，以美国为首的西方同盟获得了战争的胜利，民主也随之扩张，到1962 年为高潮，当时有 36 个国家被视为是民主国家。但第二波民主也同样出现回潮，在 1962 年至 20 世纪 70 年代中期，民主国家减少到 30 个。

当然，这里人们对这两波民主浪潮所产生的民主国家的统计数字也具有很大的争议。白人男性的普选权在很长历史时间里是有各种财产限制的，而女性和少数族群的投票权更没有考虑进去。如果把这些因素考虑进去，民主的数量就要大打折扣。例如，瑞典一直被视为是第一波民主化的国家，但这个国家直到 1971 年才把普选权给予女性。实际上，前面两波所产生的民主也就是人们一般所说的精英民主，而非今天所看到的"一人一票"的大众民主。

第三波民主化始于 1974 年葡萄牙的内部变革，类似的政治变革在 20 世纪 80 年代扩展到拉丁美洲，在 1986 年和 1988 年间扩展到亚洲（菲律宾、韩国和中国台湾等），然后是 20 世纪 90年代初苏联集团解体之后的东欧国家。从数量上看，这一波成就最大，在这一波之后，有 100 多个国家被视为民主国家。也不难看到，第三波的民主国家大都是非西方国家。

在世界范围内，民主仍然在变动过程之中。民主仍然在向非民主的国家传播，但一些已经民主化的国家则出现倒退或者回潮，也有国家在民主和非民主政体（例如军人政权和专制）之间摇摆。不管怎样，在民主的传播过程中，人们不难总结出一些具有规律性的东西来。正如西方式民主的产生是西方特有条件的产物，西方式民主向非西国家的扩张也受那里客观条件的制约，从而发生变化。

影响民主扩张的最主要因素是地缘政治。实际上，任何政治秩序的扩张都深受地缘政治的影响。历史地看，地缘政治秩序永远是第一秩序，而国内秩序，无论是权威政体还是民主政体，则是第二秩序。第二秩序必然受第一秩序的影响和制约，并且第二秩序本身也必须向第一秩序作调整，直到第一秩序和第二秩序之间没有本质性的冲突为止。一个特定的地缘政治秩序会包容很多政体（国内秩序）。尽管它们不会是一模一样的秩序，但必须具有类似性。例如，尽管民主是一国一个模式，但必须具有一些共同的特征。传统上，东亚国家和地区深受中国儒家文化影响，这些国家和地区也具有不同的政体，但也具有一些共同的特征。这也表现在世界上其他的地区，例如以苏联为核心的共产主义阵营中的各个国家都具有非常类似的政治制度。人们可以把一个特定地缘政治秩序内部的政体称为"类政体。"

从地缘政治秩序的角度来看，西方式民主的扩张是西方地缘政治秩序扩张的产物。西方国家把民主从西方扩展到西方之外的国家和地区，主要包括殖民地、军事占领、冷战阵线等几种方式。首先是殖民地。西方国家建立殖民地的目标当然不是为了在当地推行民主。实际上，在统治殖民地时，没有一个国家是在当地实行民主的。但在殖民者撤离之后，留下了一些日后产生民主的殖民遗产。同时，在领导人民反殖民的过程中，很多国家的政治精英大都受西方的教育，他们在国家独立之后，主动引入西方式的民主。其次是军事占领，最明显的例子是二战后美国对西德和日本的占领，在占领期间推行西方式民主。在整个冷战期间，属于西方阵营的国家也在西方的压力下逐步实现民主化，至少推行表面上的选举制度。苏联集团解体之后，西方阵营的地缘政治秩序迅速扩展到原本属于苏联阵营的东欧国家。苏联本身的解体也促成了很多前加盟共和国的民主化。

也有一些地区的民主化主要来自内部动力，但也受地缘政治的影响。东亚的韩国就是明显的例子。其政治精英为了应付来自地缘政治的压力，不得不实行民主化，以求得美国的支持。

辅助于西方地缘政治扩张的便是西方资本主义的扩张。资本主义扩张对民主化的推动力甚至比地缘政治更具有实质性的意义。资本主义的发展为这些国家带来了工业化、城市化等现代化的内容。资本主义式的经济发展既造就了中产阶级，也造就了社会利益的分化。同时，随着教育水平的提高，人们的民主意识也提高。这些都促成了这些国家和地区的内部民主化动力。在西方之外，民主性质的优劣往往取决于这些因素的成长与否。

不过，这个民主扩张的过程也隐含着民主的危机。西方学术界和政策界花了大量的人、财、物力来研究如何扩张民主，但往往对这个过程中所包含的危机注意不够。很显然，在扩张过程中，民主会出现各种不同的变种。总体说来，从西方到非西方，民主越来越不具备社会文化基础，在民主内容越来越微弱的同时越来越形式化，也就是西方所普遍定义的多党制和选举。在很多国家，除了多党制和选举，就根本不存在民主的其他重要内容。

也就是说，在西方民主扩张的过程中，其形式远远多于内容。这种现象其实亨廷顿早就观察到的。作为一个现实主义者，亨廷顿一直强调西方式民主是西方文化的特有产物，尽管能够传播到其他国家，但并非具有普世性。但其他学者尤其是把西方民主视为一种意识形态和价值观的学者，并非这样看，他们把西方民主简单地视为是"放之四海而皆准"的普世性政治制度。

西方式民主既然是西方地缘政治秩序扩张的产物，那么随着地缘政治环境的变化，其形式也必然会发生变化。从这个角度来看，未来西方式民主的发展和变化并不能使人乐观；相反，有很多理由促成人们对西方式民主的担忧。

首先，西方式民主的核心在发生变化。这几乎表现在方方面面。从国家层面看，民主很难成为多民族国家的整合力量。二战以来，西方一直为民主能够整合国内各民族而感到自豪。西方一些国家经常批评包括中国在内的其他国家的民族政策，但忽视自己国内的民族矛盾。实际上，这个问题一直是存在的。加拿大的魁北克法语人口曾经公投要从加拿大独立出去，但没有成功。现在是英国的苏格兰。苏格兰成为英国的一部分已经几个世纪，但今天的局面表明，英国并没有真正成为人们所说的民族国家。类似的现象也存在于很多其他西方国家，一旦条件出现，独立自治运动会自然回归。

当然，也会有人说，西方这些国家都能通过民主的手段，以和平的方式来解决问题。但问题是，民主如果意味着出现越来越多的小国家，但人们并不能确信诸多小国家的并存是否就是西方的政治常态。从历史上看，西方曾经出现几波帝国的融合和解体的过程。近代欧洲国家的形成既是帝国解体的产物，也是统一民族国家形成的过程。无论是帝国的解体还是民族国家的形成，都充满了暴力和战争。如果众多的小国家之间发生冲突，那么融合便会成为必然，而融合的过程往往不是民主的、和平的，更多的是通过暴力和战争的。这一点几乎是历史的铁律，很难改变。

从理论上说，民主能够促成民族国家的整合。但从经验上看，并没有足够的证据来说明这一点。西方近代民族国家的形成绝非一个和平的过程，而是一个暴力和战争的过程。确切地说，民族国家的形成大都是通过战争完成的。在民族国家形成之后，民主的过程的确有助于各民族之间矛盾的缓和，但即使是这样，也是有条件的，最主要的是经济因素。民族国家的形成有利于资本主义统一市场的形成，有利于经济发展，而民主又有利于经济发展的好处扩散到不同社会阶层。在经济发展好的时候，不仅不同的民族可以得到整合，而且不同社会阶层也可以得到整合。但一旦发生经济危机，民族分化的力量和阶级分化的力量就会崛起，从而挑战现存民主国家。这个道理很简单。马克思还是对的，经济基础的变化会导致政治上层建筑的变化。

今天的西方民族国家就面临这种局面。就民族问题来说，无论是苏格兰还是其他地方，都是受经济因素的影响。就苏格兰来说，这一波独立运动固然有其历史因素，但主要还是起源于撒切尔当政期间的新自由主义经济学。在大规模的私有化运动之后，苏格兰人的经济状况受到很大的负面影响，在政治精英和民众中产生了独立自治的概念。而英国政府长期以来并没有严肃看待这件事情，在很大程度上说，是忽视了它。长期以来，苏格兰地方政府一直为苏格兰人的福利而努力，在有限的自治权力下，追求和英国"不一般"的政策。这种努力和追求强化着地方居民的地方意识或者政治认同。

更为重要的是，历史地看，民族问题是永恒的，不会因为民主政治的出现而消失。民主意识永远替代不了民族意识。在不同民族之间，任何一个问题的出现，都有可能转化成为民族问题。美国在经历了 20 世纪六七十年代的种族问题之后，人们过分乐观地以为种族融合了，种族问题解决了，于是出现了美国是种族"大熔炉"的民族理论。但佛格森枪击事件再次说明了表面上的种族融合是如何脆弱。尽管美国已经产生了黑人总统，但民族问题依然存在。在美国白人中间并不缺乏痛恨黑人总统的政治人物和普通老百姓。

经济状况的变迁也影响着西方国家国内不同社会阶层之间的关系。经济好的时候，福利政策没有问题；一旦经济转坏，福利就会恶化。在全球化的今天，西方各国经济都面临结构性调整，但福利社会有效地制约着这种调整。同时，国内收入差距加大，往日的中产阶级受到挤压。今天西方频繁发生的街头运动，就是这种经济状况的反映。实际上，美国佛格森枪击事件所导致的种族冲突也具有深刻的经济背景。问题不在于白人警察枪杀了黑人，而在于为什么这个事件导致了黑人迅速动员起来。这背后还是种族之间的经济问题。

西方国家本身面临着众多的问题，没有人有绝对的信心，相信民主能够解决这些问题。更为严重的是，西方尤其是美国的相对衰落，必然对非西方的民主产生极其负面的影响。负面的影响来自内外两个层面：就外在因素来说，这主要是因为西方所背负的可以称之为"民主的包袱"的东西。从内部因素来说，主要是非民主国家社会中所存在的对西方的越来越高涨的不满情绪。这种现象在中东表现得非常明显。在中东，西方和美国可以说是在推翻着自己参与建立起来的政权。前面已经说过，近代以来中东主权国家的形成和政府的确立和西方有密切的关联。但现在西方和美国的认知变化了。从前西方信仰主权高于一切，但现在信仰的是人权高于主权。而如何实现和保护西方所认为的人权呢？西方的回答很简单，那就是政权更换（regime change）、多党政治和选举，也就是西方式民主。但是问题在于，在现存主权国家和政府被推翻之后，所出现的往往不是西方所希望的民主政权，而是其他。尽管一些国家也出现了貌似的民主，但并非真实的民主，更多的国家演变成为西方所说的"失败国家"。在现存国家失败之后，更导致了极端政治力量的崛起，例如"伊斯兰国"（ISIS）。

当然，西方衰落对非西方国家的影响绝非局限在中东，从长远来看，更广大的地区包括非洲、拉丁美洲和亚洲都会受到一定的影响。这些地区民主的产生和发展离不开西方基于地缘政治利益之上的干预，主要是对这些地区亲西方力量的支持。一旦西方的支持减弱甚至不再继续，那么这些地区的民主政治的未来就会产生很大的不确定性。

西方衰落的同时，另一个重要地缘政治变动就是俄罗斯的相对复兴和中国的崛起。如同西方的衰落，这个变动也必然对非西方的政治秩序（包括民主秩序）产生巨大的影响。苏联不仅确立了自己的地缘政治利益，而且也在其地缘政治利益范围内部的各个国家形成了与自己相似的政权类型。在苏联解体之后，西方乘机侵入俄罗斯的地缘政治利益。俄罗斯相对复兴，也必然要重建其地缘政治利益，甚至从西方手中夺回原来属于自己的地缘政治利益。俄罗斯已经和其中一些原来苏联的加盟共和国确立了独立国家联合体，即"独联体"。今天，俄罗斯和其中一些独联体国家的各方面关系密切化。乌克兰的例子更是说明了俄罗斯要不择手段地从西方收回自己的地缘政治利益的决心。尽管俄罗斯现在也有多党制和选举，但西方并不认同俄罗斯的民主。俄罗斯在和西方的竞争中是否能够赢得胜利，这是另外一个问题。有两点是明确的：第一，俄罗斯争取其地缘政治利益的努力永远不会停止。第二，第一秩序（地缘政治秩序）高于一切。如果俄罗斯赢得了胜利，在俄罗斯地缘政治范围之内的其他国家的政治形式也必然要受制于俄罗斯本身的政治形式。

同样，中国的崛起也会导致其地缘政治利益环境的变化，不仅对自己内部发展有影响，而且对周边地区的发展也会产生或多或少的影响。自近代以来，中国被西方打败，失去了大部分地缘政治利益。现在随着中国的再次崛起，中国也必然要重建其地缘政治利益。国家的统一是恢复中国地缘政治利益的第一步。在香港和澳门和平回归之后，中央政府也在寻找和台湾统一的方法。不管怎样，中国是不会容许香港、澳门、台湾和西藏、新疆等领土独立出去的，不管以何种方式。正因为在这个意义上，中国把这些界定为核心利益。和所有其他大国一样，一旦这些核心利益受到损害，中国会不惜一切来维护。

在下一个层次，中国也不会容许其他大国在中国周边造成对中国的不安全。美国不容许苏联在古巴部署导弹，中国一旦具备了这个能力，也会防止或者阻止其他大国在中国的周边这么做。今天，中美两国出现的很多问题就是由两国之间的地缘政治之争引起的。尽管中美两国并没有直接的地缘政治利益冲突，但美国要将其地缘政治利益扩展和深入到中国的周边国家，直接威胁到中国的国家安全，这导致了中美的间接冲突。

　　同样，中国的崛起也会对周边国家和地区的政治形式产生影响。这不是说中国要干预其他国家和地区。历史地看，中国从来没有干预过其他国家所发展起来的政治形式。即使在中国内部，不同民族所采用的政治形式也是不相同的，例如西藏和新疆有自己的政治形式，南部各个少数民族都有自己不同版本的土司制度。今天，中国一直强调的不会把自己的制度强加给其他国家的政策，是中国文化传统精神的反映。但中国崛起之后对周边国家和地区政治形式的影响和中国主观的愿望不是那么相关，这更多的是周边国家和地区逐步地会向中国调适。传统上形成的儒家文化圈的政治形式便是如此。

　　很显然，中国本身的政治秩序的变化更为重要。自改革开放以来，中国也逐渐地摸索出自己的政治模式或者政治道路。这种模式尽管也受西方影响，但绝对不会发展成为西方那样的模式。可以相信，中国模式不会取代西方模式，但会成为除西方之外的另一种选择。这种选择的存在会通过不同途径影响到周边的国家和地区，甚至更远。

　　总而言之，今天的世界面临着自冷战结束之后地缘政治的大变局。随着地缘政治的变化，地缘政治秩序也必须得到重建，而这种重建也必然会影响到各国内部政治形式的变化。可以相信，在可预见的将来，这个世界所面临的不仅仅是地缘政治利益之争，而且也是政治秩序之争。我们已经进入一个国际政治秩序和内部政治秩序大变动的时代。

四、民主的危机及其未来

　　民主产生了很大的危机，但追求民主的努力不会停止。民主制度仍然具有很多优势。从根本上说，较之其他政治体制，民主或许更符合人性。在其《历史的终结》中，美籍日裔作家福山正是从人性这个角度来论述民主的。再者，民主也已经成为今天人们所追求的价值的一部分。不管民主已经产生了多大的问题或者正在产生多大的问题，对没有民主的国家的人民来说，民主仍然是一个需要追求的理想体制。不过，人们也不能排除追求和现存西方民主体制不同的民主政治体制的可能性，建立一种既能符合人性，又能避免现存民主很多缺陷的体制。

民主的未来在哪里？这里没有一个统一的答案，不同的文化、不同的地缘政治和处于不同社会经济发展阶段的国家需要做出不同的选择。

西方自由主义民主需要做出另一种选择。要改善西方民主，西方必须改变其伪善的一面。西方现在主要把西方民主危机的根源归结为外在的因素，这里既包括发展中国家的非自由主义民主的产生和发展，也包括像中国那样被西方视为是新型权威主义政体的出现。其实，并没有任何证据可以证明非西方国家的民主和其他权威主义政体对西方民主构成了威胁。正如西方民主的产生和发展的动力来自其自身一样，西方民主所面临的问题也来自其自身的缺陷。再者，尽管一些人也看到了自由主义民主衰落的内在原因，例如公民社会和中产阶级的衰落或者2008 年金融危机给人们所带来的对民主政府的不信任。但这些内部因素也只是表象，并没有涉及西方民主所面临的结构性问题。

如同其他任何政治体制，民主也需要与时俱进，适应时代的需要。这里马克思仍然是对的，即经济基础决定上层建筑。当西方民主所依赖的经济基础发生变化的时候，民主的形式就要发生变化。西方自由主义民主所面临的是其政治结构和其所处的经济、社会结构之间的深刻矛盾。

首先，民主需要一定的经济条件。经济结构最为重要，因为它基本上决定了一个社会的社会结构，而社会结构又决定民主的社会基础。中产阶级是西方自由民主的主体。如果民主要生存和发展，那么必须拥有一个有利于产生中产阶级的经济结构。毫无疑问，要实现这样一个经济结构，西方必须花大力气来调整其经济结构，尤其是产业结构。现在的产业结构是富豪—穷人结构，即绝少数人掌握巨大的财富，而大多数平民则没有能够享受到足够的收入。这个结构不仅产生不了中产阶级，而且摧毁着传统中产阶级的经济基础。当然，与此相关的是全球化。全球化为资本所推动，其所产生的好处也流向资本。西方社会越来越分化，一个高度分化的社会是不会有高质量的民主的。

同时，西方也必须改革社会政策。西方社会政策或者说福利政策在实现社会公平、保护中产阶级和稳定民主秩序等方面发挥了关键作用。可以说，没有社会政策，不仅西方民主而且资本主义也很难生存。历史地看，社会政策既是对资本主义产生弊端的反应，同时也可以说是社会政策拯救了资本主义。不过，今天西方的一些福利社会已经发展到了极端。福利制度的极端化并不是因为福利制度本身，而在于"一人一票"之下的政治民粹主义。道理很简单，"一人一票"的大众民主要求"一人一份"的（经济）贡献，也就是说，一个社会要实现政治权利和经济权利之间的平衡，但在现在的福利体制下，人们可以用"一人一票"的政治权利来获取"一人一份"的社会权利，而"一人一份"的经济贡献则被大大忽视。在选票决定一切的情况下，政治人物为了自己的私利，拼命许诺其选民，导致了用政治权力来重新分配公共服务，既造成了很大的浪费，也培养一部分人"不劳而获"的意识。如果经济、政治和社会权利不能回归平衡，那么民主很难回归正常运作。

要改变这种情况，西方的政治精英必须从选票民主中脱离出来。选举只是民主的一个部分，或者说表达民主的一个程序，民主还有其他更重要的内容。这一点上，西方似乎还需回到近代以来人们一直所注重的政治"美德"。在大众民主之前，西方的民主实际上是选拔制度和选举制度的结合，先选拔好一些具有"美德"的候选人，然后交给人民选举。在大众民主时代，政治"美德"已经衰落，变得毫无价值，因为是选票规定一个政治人物是否是精英，而非"美德"。在这个领域，西方民主也可以向东方的任人唯贤制度（meritocracy）学习。任人唯贤制度下，候选人的素质要包括教育程度、工作经验、决策能力、清廉和个人美德等等方面。只有在满足了这些基本条件之后，才可以出来交予人民选举。强调"美德"，也可以促成政治精英之间重新达成共识，而无需去诉诸民粹主义，讨好选民。精英之间的共识政治可以促成政治人物去考量国家和社会的长远利益，从而实现民主的可持续发展。

　　非西方世界面临着不同的民主问题。民主从西方扩散到非西方世界，也就是说，非西方世界的民主往往不是内生的。在非西方世界，民主所面临的问题就是和当地的社会、经济、文化和政治等因素不相吻合。很多国家的民主出现问题，都是因为简单照搬西方模式。其民主往往是低度的，尽管存在着各种西方式的制度，例如多党制、三权分立、自由媒体等等，但从来就没有运作良好。没有任何制度可以制约得了政治精英，民粹主义泛滥。同时，也没有政治精英来关注社会经济的发展，社会经济一直处于低水平。多党之间的竞争实际上沦落为党争，各自挟持自己的支持者，不是为了国家和社会的前途，而是为了多分一块本来并不是很大的经济蛋糕。因此，腐败、政治激进化、无政府、暴力和贫穷都是这些民主的常见现象。

　　很多发展中民主已经深深陷入低度发展和低度民主的恶性循环之中。无论从西方的经验还是后发展中社会（例如亚洲"四小龙"）的一些成功经验来看，要避开这个循环，政治精英还是关键。这些国家的民主本来就是由政治精英引入，民主所面临的问题还是需要政治精英来解决。政治精英之间不仅要对权力分配方式达成共识，更应当对国家发展道路的选择达成共识。人们必须意识到，民主从来不会从天上掉下来，不能欺骗老百姓，说只要有了民主，经济和社会好处都会跟随而来。经济发展、社会建设、基本国家制度建设，这些都是一个运作良好的民主所需要的。没有这些，民主便会走向反面。不过，这些已经陷入低度发展和低度民主恶性循环的发展中国家，要跳出这个恶性循环并不容易。在亚洲、非洲、拉丁美洲，很多国家已经长期处于这样的恶性循环之中，在过去的数十年间里，没有发生任何具有实质性意义的变化，也没有任何迹象表明这些国家很快能够跳出这个循环。

因此，在非西方世界，更为重要的是那些还没有步入西方民主的国家的政治选择。这里，中国占据一个非常重要的位置。中国必须发展和建设自己的模式，而不是简单地像很多发展中国家那样去照抄照搬西方民主模式。中国必须给自己一个机会，同时也给其他国家一个不一样的选择。就是说，中国式的民主必然具有地缘政治效应。一旦中国民主模式形成，必然对周边地区甚至其他地方的政治发展产生影响。如前面所强调的，这不是说，中国会把自己的模式强加给其他国家，而是说一旦成为地缘政治的中心，其他国家会逐渐向中国的体制作调适。

不过，需要强调的是中国模式不是反民主模式，而应当是一个民主改善模式。西方很多学者和政治人物视中国模式和西方模式为对立面，好像中国是"反西方"的。这种观点还是"历史的终结"的观点，即认为西方自由主义民主是人类历史最后的政体形式。中国不学西方模式并不表明中国是"反西方"的，而只是意味着中国要确立自己的民主模式。再者，中国模式也并非要取代"西方模式"，而只是意味着"中国模式"可以成为西方之外的另一种选择。

尽管中国模式仍然是一种发展中的模式，也面临巨大的挑战，但总体上说，这个模式已经成形。概括地说，如果说西方多党制是外部多元主义，那么中国便是内部多元主义。内部多元主义具有几个特点。在政治层面，这是一种精英政治，不同类型的精英都可以进入现存体制，分享政治权力。政治过程是开放的。因此，党内民主变得非常重要。同时，这种内部多元主义不要求政治人物诉诸选票，因为领导人的产生更多的是依靠选拔，即任人唯贤制度。这就可以避免极端的民粹主义。内部多元主义也能产生对权力的有效制约，例如通过内部的分权和制衡，主要领导人领导职务的限任制、年龄限制等等。从经济社会层面来看，内部多元主义首先是把诸多的社会利益内部化，让它们进入现存体制内部，来协商解决。它不仅要考虑到一般意义上的人口的利益，而且要考虑到不同社会经济功能界别的利益。反映到体制层面，内部多元主义不仅需要类似西方的人口比例代表制，而且需要反映功能界别利益的制度（在中国表现为政协等制度）。

内部多元主义就是要实现政治、经济（资本）和社会权利之间的均衡，从而实现这三方面权利的均衡。这使得政治、经济和社会能够在均衡条件下实现可持续的发展。西方民主目前所面临的问题恰恰是这三者之间的结构性失衡。全球化使得政府丧失经济主权，资本处于高度流动状态，无论是政府还是社会都无法对资本的权力构成有效的制约。同时，"一人一票"的制度大大强化了社会权力，一方面促成政治人物走向民粹主义，同时，通过"一人一票"的政治权力获得的"一人一份"的经济好处，更使得国家的经济不堪重负。这三方的任何一方都想理性地把自己的利益最大化，但最终的结果是使得整个国家和社会的利益最小化。

不管西方如何反对，中国仍然会追求自己的民主形式。实际上，就民主来说，今天的世界已经呈现出了两大趋势：一是民主化，二是民主形式的多元化。不管西方世界多么反对非西方世界的民主形式，民主形式的多元化已经成为一个现实。这是一个开放和多元的世界，也必然是一个多元政治制度的世界。这里，重要的是多元政体的共存，而不是谁吃掉谁的问题。任何一个政体都需要自己的竞争者，否则不仅很难进步，而且会急剧衰退。不同政治制度之间的竞争不可避免，在竞争中就会出现较好的政治体制。

（本文与杨丽君合著，原载华南理工大学公共政策研究院《IPP 公共政策专题研究》2014 年第 10 期）

全球化与变迁中的亚洲秩序

一、全球化与亚洲

今天讨论全球化和亚洲国家秩序转型这个题目，可以说具有历史和现实政策两方面的重大意义。我们至少可以从如下几个方面来看：

第一是全球化和国家秩序转型的历史经验。从历史上看，全球化经常导致国家制度形式的转型。全球化并不新鲜，历史上已经经历过几次大的全球化运动了。每一次全球化首先是资本驱动的经济全球化。马克思观察到，经济是基础，国家制度尤其是政治制度是上层建筑。经济基础发生变化了，必然迟早导致国家制度的变化和转型。因此，在近代资本主义产生之前，远程贸易往往和帝国的国家形式有关。而近代资本主义市场经济崛起之后，就有了与市场经济相适应的国家制度，也就是近现代国家形式。下面我会讨论到，今天在全球范围内，政治、经济和社会制度方方面面的矛盾都和最近一波全球化运动有关。如何根据今天全球化的需要来重建国家制度是所有国家都面临的一大挑战。

第二是全球化冲击下的西方危机的本质。在这一波经济全球化冲击下，西方正发生着严重的经济和政治危机。在苏联解体之后，西方普遍盛行乐观主义，于是出现了福山的《历史的终结》理论，就是说基于自由资本主义经济之上的民主政治是人类可以找到的最好的制度。但现在没有人再可以这么说了，西方学术界和政界一片悲观。整个西方都面临着经济、社会和政治的改革的问题。在经济层面，无论是制造业本身还是金融资本主义都出现了大问题，经济结构严重不平衡。这种结构性的改革不是短时间内就能够完成的，况且今天西方连改革的方向也没有明确。在社会层面，收入分化导致社会阶层分化，传统中产阶级的民生问题越来越严重。近来，中产阶级发动了"占领华尔街运动"，矛头直指金融资本主义。社会运动尽管表达了民众的不满，但解决不了问题。如何解决？没有答案。从政治层面看，西方也经历着新一波民主危机。尽管在大众民主时代，西方的民主越来越具有民粹的倾向，但没有一个国家现在能够产生一个强有力的政府。无论是经济危机还是社会危机，都需要一个强有力政府的出现。但现在西方的民主越来越演变成为党派政治，执政党和反对党旗鼓相当，互相否决。用福山的概念来说就是，民主政治已经演变成"否决政治"。

这里就涉及一个极其关键的问题，即当代西方的危机到底是资本主义危机还是国家权力危机。最近无论西方还是中国，大家都在讨论资本主义危机。越来越多的人对资本主义表现出极其悲观的态度。在这里，我的观点是，尽管资本主义也的确面临严峻挑战，但究其本质来说，是西方国家的国家权力危机。资本主义就是通过市场机制获取利润的最大化的经济行为。全球化就是资本的全球化，市场的全球化。同时在这个过程中，资本实现利润的最大化。因此，无论从市场的拓展还是利润的最大化来说，资本主义并没有产生任何的危机。相反，危机是国家权力。就是说，国家权力无法应对全球化形态下的资本主义。这要求国家权力的转型。历史上，每一次资本主义的转型必然带来国家权力的转型。我们所看到的民主政治几次重大的转型也是资本主义推动的。那么在这一波全球化下，民主政治又如何转型呢？这个问题没有答案，但需要我们思考。

第三是全球化时代的中国国家建设问题。今天我们所看到的中国发展模式也和全球化密切相关。中国的发展是改革开放的产物，而中国的开放过程也就是中国的全球化过程。实际上，中国的内部改革的很多动力也来自于外部的改革开放。一方面，我们必须加入国际体系。近代中国历史表明，封闭没有出路。要发展，就要开放。但另一方面，开放也会带来很多负面的效应。因此，我们在全球化的同时也要修筑钢铁长城，免于被全球化所吞没。在这一波全球化进程中，已经有足够的经验证明，如果不能消化全球化所带来的负面影响，那么不仅其所带来的成果不能保存，而且国家很容易陷入困境，甚至危机。在全球化面前，各个国家面临两个选择：第一，拒绝全球化。其结果等于落后，不发展，最后必然"挨打"。朝鲜就是个例子。实际上，除了少数像朝鲜那样的国家，很少国家能够避免全球化浪潮。第二，加入全球化。这个选择既能够带来巨大的利益，也面临巨大的风险。1997年亚洲金融危机期间的泰国和印度尼西亚，以及这次金融危机之下的西方诸国都是例子。中国的选择应当怎样？我们已经选择了加入全球化，没有什么退路。我们必须像邓小平当年所说的那样，对全球化要"两手抓"。在新的环境里，我们对"两手抓"可以进行不同的解读。我们要"一手抓经济、一手抓政治"。"抓经济"就是要更加积极地融入全球化，并且推动全球化进程。"抓政治"就是要抓紧国家制度建设，不仅保障从全球化过程中得到的成果，而且利用全球化的动力，促成国家制度的转型。也就是说，和其他国家一样，全球化也在要求中国国家权力的重建。

这里又涉及近年来一直在讨论的"中国模式"问题。在这一波世界性经济危机中，和西方相比较，中国有效地应付了危机对自身的冲击，在很多年里都成为世界经济复苏和再增长的最有效的动力。海内外，人们对中国模式的争论还具有政治性和意识形态性。尽管目前学术界对中国模式争论很多，但我还是认为存在中国模式。很简单，不管怎样发展，中国还是中国，中国的经济不会演变成美国经济，中国政治不会演变成美国政治。但即使在西方，很多人，主要是具有现实感的政治人物，开始意识到中国模式的存在，也就是说中国也有他们可以借以参考的经验。西方历来轻视西方之外的发展模式，视自己的发展模式为普世的。但现在发生了深刻的危机，开始有动力来考量非西方的模式。随着非西方的崛起，这种趋势不可阻挡。在这一过程中，中国的发展模式扮演着关键的作用。中国发展模式对发展中国家尤其重要。中国在如此短的时间内取得了那么大的经济成就，这促使很多发展中国家对中国的经验非常感兴趣。但是，中国模式也面临很多巨大的挑战。中国如何完善自己的发展模式？中国模式的完善不仅对中国自身具有意义，而且对其他国家也有重大的意义。中国不仅要学其他国家全球化成功的经验，更要总结其他国家失败的教训。

当然，承认中国模式的存在并不是要对外推行中国模式。我一直强调中国模式不是"北京共识"。"北京共识"是在人们仿照"华盛顿共识"提出来的，意味着中国也可以像西方那样，把自己的经验推广到其他国家。我觉得，如果学西方，中国模式必然失败。但如果是其他国家根据自己的国情来参考中国经验，那么中国模式才会走得出去。中国模式走出去是有其可能性的。中国模式之所以与其他国家相关，就是因为中国模式是在全球化环境下产生和发展起来的。如果是闭门状态下产生的，那么中国模式很难和外在世界有任何相关性。在全球化状态下，中国吸取了其他国家的一些最优实践，来推动经济、社会和政治各方面的制度建设。中国模式既是全球化的产物，也面临全球化的挑战。对中国来说，一个严肃的问题在于如何在继续融入国际社会的同时避免和全球化关联的国家权力危机？

二、资本、国家与全球化：简单的历史

近代化国家形式或者近代民族国家产生于西欧。在此之前，世界上主要有两种国家形式，即帝国和地方化了的各种政权形

式。帝国的统治比较松散，没有一整套国家制度。帝国所争取的主要的是土地和人口，并且是以农业为社会基础。一些研究表明，帝国对帝国内部的"全球化"有推动作用。历史上，帝国往往由很多地方化的政权组成，甚至横跨几个洲。帝国产生之后，在帝国之内，往往能够消除贸易壁垒。因此有人说，帝国是第一波全球化。但帝国没有一整套制度来支撑，在帝国解体之后，又会演变成地方化了的政权形式。

在欧洲，市场经济是在帝国解体的废墟中崛起的。市场经济由小到大，从一个地区到另一个地区，这是一种自下而上的运动。现在人们称之为"资本主义"的制度是和市场机制一同产生的。有了市场，资本就可以运作，发生作用。对"资本主义"的概念，学术界并没有一致的定义，但大家都会同意，"资本主义"的两大特点，就是市场机制的存在和资本对利润的追求。前者是条件，后者是结果。有了市场制度，投资者才有可能追求利润，而利润的扩大又为资本拓展市场提供动力。

马克思科学地指出，资本就是追逐利润。资本对利润无穷的追求也使得资本从一开始就是全球化的最主要动力。资本的全球化是从一个个国家内部开始的。资本首先要求有一个统一的国内市场。当市场本身没有足够的能力来消灭一个个非常地方化了的政权从而形成一个统一市场的时候，资本就转向寻求国家政权的帮助。在欧洲，君主专制国家应这个要求而崛起。专制国家在相当长的历史时间里扮演了极其重要的角色，往往用武力消灭了一个个"城堡"国家（即分散化的地方性政权），造就了一个统一的国内市场。这也就是近代民族国家的起源。

资本在专制国家政权的帮助下统一了全国市场之后，开始往国际和海外市场方向发展。这就是资本开拓海外市场的时代。这个过程也非常血腥。中国自己有切身的感受，那就是两次鸦片战争。在政治上，海外市场的开拓往往伴随着殖民主义政权。殖民主义政权既帮助开拓海外市场，也用来保护殖民国的海外利益。资本的扩张和全球化，就是马克思所研究的问题。当然，对这一过程也有其他不同的解释。例如英国经济学家亚当·斯密（Adam Smith）等从"比较优势"的角度来解释这个过程，就是说各个国家都存在着自身的比较优势，通过"自由贸易"都可以把自己的比较优势发挥出来，从而创造财富。不可否认，各国的确存在着"比较优势"。但是"比较优势"本身不足以构成全球化的动力。如果是单纯的"比较优势"发挥作用，那么全球化会是一个和平的过程。"比较优势"本身难以解释为什么全球化是那么"血腥"的一个过程。

　　资本者或者资产阶级在国家政权的帮助下统一了国家市场，开拓海外市场。市场越大，利润越高，资本的力量就越大。在市场扩展的同时，资本者开始要求政治权力。于是，他们开始要求和君主贵族分享国家政权的权力，权力分享的最主要的目标就是要用法律的形式来保护他们的利益，免于政治权力对他们的经济利益的掠夺。这是西方民主政治的起源，也是私有产权制度的来源。资本者或者资产阶级是争取民主的第一个社会群体。因此，马克思说民主是"资产阶级的民主"。美国历史学家巴林顿·摩尔（Barrington Moore）的名言"没有资产阶级就没有民主"，就是对这一历史事实的总结。从君主贵族统治到资产阶级民主（或者精英民主）时代，是西方社会国家建设的最重要的一个阶段。也就是说，西方在大众民主化来临之前大多数国家制度尤其是法律制度就已经到位，这些国家制度也为日后的大众民主奠定了制度基础。这一点后面会再次强调。

三、全球化与经济活动的"去主权化"

　　冷战结束后，我们所经历的一波全球化是全新形式的全球化。西方资本仍然是这一波全球化的主要推动者。但是为什么这波全球化使整个西方深陷危机？我们有必要对资本主义及其国家制度的发展理出一个思路来。我们要回答的问题是：全球化是如何导致国家权力危机的？

这又可以从两个方面来看：第一是资本主体的变化，主要是从以制造业为核心的工业资本主义转型到以金融资本为主体的金融资本主义。第二是制造业本身的转型，即从工业资本主义到后工业资本主义。但无论是金融资本主义还是制造业资本主义，现在都在全球化环境下运作。我们今天所说的全球资本主义主要指的是金融和制造业资本主义。

那么全球资本主义和传统资本主义到底有什么样的区别呢？或者说，经济的全球化对资本主义到底产生了什么样的影响？简单地说，传统资本主义是一种主权经济，而全球资本主义则是超越了主权国家边界的经济体。我们前面所提到的经济体，无论是近代之前的地方化经济体、帝国经济还是近代经济都具有边界，就是说经济活动都发生在一定的边界内。即使马克思时代的经济全球化，也主要局限于贸易，即我用我的产品和他人交换，各种产品是由主权国家生产，交易则超越国家的边界。换一句话说，在主权经济形态下，大多数生产要素都是国家可控的。古典经济学家所界定的主要生产要素包括劳动力、土地和资本，这些都在国家的边界内部发生，也是可控的。但全球化已经急剧地改变了一切，对一个社会的方方面面都产生了巨大的影响。

首先是对经济伦理的影响。资本尽管以利润为目的，但在资本运作过程中，伦理也始终是一个重要的环节。这种伦理出自不同的方面。英国经济学家亚当·斯密，著有《道德情操论》一书，认为人具有道德的一面，企业家或者资本者也一样。德国社会学家马克斯·韦伯（Max Weber）著有《新教伦理与资本主义精神》，从宗教的角度论述了资本主义的道德面。韦伯认为，传统资本主义精神包括勤俭节约、努力工作等美德，和宗教（主要是新教伦理）有关。在这里，利润和赚钱只是手段，是为了人的自我拯救，因为基督教告诉人们，每一个人都有"原罪"。不过，我自己觉得，资本的经济伦理和主权国家有关。无论是人的道德天性还是宗教因素，所有的伦理都产生于不同人、不同社会群体之间的交往。资本的经济伦理产生于资本者和受雇者之间的互动和交往。在主权经济内部，很多因素使得这两者交往容易产生伦理，例如同一种宗教信仰、同一民族、同一语言、同一肤色等等。马克思看到了资本的剥削本质，他提倡国际主义，号召全世界工人阶级或者无产者联合起来，但并没有实现目标。有人说，国际主义和民族主义的较量，后者胜出。也就是说，本国内部的资产者和受雇者之间的妥协较之本国受雇者和他国受雇佣者之间的合作要容易得多。我自己的一些观察也能论证这个观点。

前些年，我考察广东和浙江，发现广东外资多，浙江内资多，广东的劳动纠纷要远远多于浙江。我发现，在浙江，投资者和雇工之间的关系比较和谐一些，因为他们大多雇佣当地工人，工人和老板之间容易产生一种共同的认同。老板不可以太过于剥削本地人或者本国人，否则老板在当地的名声会很差。但在广东，外资大多来自香港、台湾地区，以及韩国和日本。这些外资老板和工人之间很难产生共同的认同感，关系往往不和谐。

浙江的例子可以支持主权经济体的经济伦理，而广东的例子支持全球化情况下的经济伦理缺失的状况。全球化表明全球市场的形成，这一市场的存在表明所有生产要素都可以被国际化。资本的本质是要用全球市场来追求最大的利润。国际市场的廉价劳动力是资本流动的一个重要动因。但是因为雇佣的是外国劳动者，经济伦理对资本者的约束大大减少，甚至完全消失。很容易理解，中国成为国际制造业中心，也必然成为"血汗工厂"中心。这方面在学术界已经有很多的研究。"血汗工厂"说得简单一些就是工人的权利缺失问题。这不仅仅是因为中国的劳动保护制度的不完善，更是因为资本者在对待外国工人时缺少道德约束。实际上，在缺少道德约束的情况下，任何法律和法规体系都无法约束资本者。很多经验材料表明，很多著名的跨国公司，一旦到了中国之后，他们的企业社会责任感就逐渐减弱，甚至消失。

其次，全球化对就业也产生很大的影响。在主权经济时代，产业发展具有边界，即在主权国家内部，产业发展因此产生就业。但全球化已经急剧地改变了这种情况。全球化是生产要素在全球范围内的流动。一些和技术相关的产业，企业所拥有的技术和企业所雇佣的工人可以分离开来。在主权经济内部，"德国制造"意味着德国的技术，由德国工人制造的产品；"日本制造"意味着日本技术，由日本工人制造的产品。在这里，技术产生两个产品，第一是产业，第二是就业。但在全球化时代，一个普遍的情形是一种技术由国家 A 的公司所拥有，但产品则是国家 B 的工人制造的。简单地说，在全球化时代，一种技术既可以不产生产业，也可以不产生就业。在主权经济时代，美国的技术造就了美国的产业和美国的工人阶级队伍。但在今天，美国仍然拥有技术，但其产业和工人阶级则已经转移到其他国家。美国的产业在哪里？工人阶级在哪里？美国的产业就在珠江三角洲，美国的工人阶级的主体则是中国的农民工。

一边是技术不产生产业和就业，另一边是制造业只有就业，但没有产品。例如美国的技术可以给中国带来制造业，即加工业，但中国则没有自己的产品。实际上，中国已经成为世界上最大的加工业基地，但中国自己的产品是什么呢？

在就业方面，尽管制造业为中国产生了大量的就业机会，但是因为上述道德因素的缺失，就业领域很容易出现变相的劳动奴役制度，即人们所说的"血汗工厂"。可以这么说，在主权经济时代，制造业不仅制造出庞大的工人阶级队伍，而且也逐渐造就了庞大的中产阶级。随着技术的进步，劳动工资不断提高，最终造就了中产阶级。产业工人是西方社会中产阶级最主要的一个群体。但在全球化状态下，制造业就很难促使产业工人转型成为中产阶级，因为资本者可以拼命压低外国工人的劳动工资，或者不断雇佣廉价工人。珠江三角洲雇佣农民工已经数十年了，但有多少农民工已经转型成为中产阶级？日本和亚洲"四小龙"（中国香港、中国台湾、韩国和新加坡）在工业化的时候花了二十多年的时间就培养出一个庞大的中产阶级来，但在珠江三角洲，这种情况并没有发生。其中一个主要因素就是经济活动的全球化。"四小龙"的经济起飞发生在主权经济时代，中国的经济起飞则发生在全球化时代。

再次，全球化对主权国家的税收也产生了很大的影响。从上面的讨论中，我们看到经济活动已经全球化，已经没有主权边界。但是，政府仍然具有主权性。实际上，民主的大众化（即大众民主）和民族主义的崛起已经大大强化了政府的主权性。以往，主权国家和主权经济重合，现在则分离开来。在重合的情况下，主权国家比较容易对主权经济体征税。各个国家到目前为止的税制还是传统主权经济的产物。在经济全球化的情况下，公司通过"跨国"形式来逃避征税。一些人认为，跨国公司除了要寻找劳动成本低的投资目标外，其中一个重要的目标是逃避本国政府的征税。在经济活动全球化之后，代表主权国家的政府的税基大大缩小。如何在全球化状态下设计新的税收制度，这是所有主权国家所面临的重大挑战。西方一些国家因为经济全球化开始得早，至少有意识要对全球化的经济活动进行征税，例如美国、加拿大和欧洲国家都有不同的征税机制。不过，所有这些征税机制很成问题，所有这些国家都难以对流落到海外的经济活动进行有效征税。更加严重的情况是，因为存在着全球化的条件，主权政府也难以对仍然处于本国的公司和富人进行过多的征税，因为一旦加重税负，这些公司和富人可以选择离开本国，远走他乡。美国政府现在就面临这种困境。

　　与征税相关的是全球化对主权国家内部的收入分配的影响。市场是人类创造财富的最有效的机制，市场越大，财富也越大。经济的全球化造就了世界性市场。的确，这一波全球化为各国带来了巨大的财富。但在全球财富大增的同时，收入差异也越来越大。一个显著的全球性现象就是，这一波全球化以来，所有卷入全球化的国家和地区都出现了收入差距不断加大的趋势。也就是说，全球化速度越快，收入差距就越大。在亚洲，最显著的就是"四小龙"经济体。"四小龙"在现代化过程中曾经同时实现了经济增长和收入分配公平，被国际社会视为是公平性增长的典范。但是，这种情况已经不再。全球化也导致了这些经济体收入分配的严重不公。那么，全球化是如何影响收入分配的呢？

　　首先是二次分配失效。通过税收政策而实现的二次分配是大多数国家解决社会群体之间或者区域之间收入差异的最主要的工具。政府通过税收政策，一方面调节经济发展（例如通过减税以提高投资者的动机），另一方面保障基本社会公平。但是如前面所讨论的，公司通过"跨国"形式来逃避税收，这有效制约了主权政府的征税功能，导致二次分配的失效。而二次分配的失效必然恶化一个社会的收入分配。

　　其次，更为重要的是全球化还导致了一次分配的失效。全球化所创造的财富跑到哪里去了？在任何国家，一次分配较二次分配更为重要，一次分配是结构性的问题，而二次分配是政策性的。在很大程度上，二次分配只是一次分配的一个补充。在一次分配失效的情况下，二次分配如何努力也无济于事。欧美发达国家一直努力通过一次分配，例如反垄断和鼓励中小企业的发展，来实现一次分配的基本公平，然后用二次分配来改善公平。日本和亚洲的"四小龙"也如此。那么，全球化是如何导致一次分配失效的呢？

首先，针对国内企业的反垄断机制已经变得不那么相关。现在的跨国企业越做越大，其经济活动遍布全球。尽管企业巨大，但地理分布非常分散，分布于不同的主权国家内。垄断越多，分配就越不公平。

其次是所有者和管理者之间的关系发生了变化。最初，所有权和管理权合一，不存在分配问题。后来随着企业的做大，就出现了两者的分离，即所有者雇佣专业人员来管理企业。这里，所有者的权力仍然大于管理者，但全球化已经导致管理者"坐大"的情况。至少有三个因素：第一个因素是所有者的"所有权"弱化。在很多情形中，所有者表现为一个集体，即一个公司的投资者有很多人，例如企业的持股人都可以说是所有者。作为一个投资集体，其权力必然是分散的。第二个因素是企业投资的分散化。现代的企业，尤其是跨国公司，往往在不同的领域投资。第三个因素是企业体制的全球化。第二、第三个因素在很多场合是重合的。而这些环境变化使得现代企业变得极其复杂。这更需要具有专业背景的管理者。"打工者"（管理者）打败"所有者"成为现代经济的一个普遍现象。这些年来，跨国公司（尤其在金融领域），"打工者"往往获得巨额工资和奖金（"红包"）。在很多场合，即使在企业亏损的情况下，这些"打工者"仍然可以获得大量的奖金。这种现象尽管导致整个社会的不满，但仍然在继续。为什么？因为企业不能失去这些"打工者"。一旦失去了他们，企业的命运会变得更差。在这种情况下（无论是实际的还是心理上的），"打工者"很容易挟持企业。企业的很大一部分财富就进入了"打工者"的口袋，而非所有者的口袋。

再次，劳资关系也发生了很大的变化。这方面，下面会继续讨论。前面已经讨论过劳资在主权空间上的分离（即企业可以雇佣外国工人）的情况，也就是说，因为不用付给外国工人足够高的工资水平，致使外国工人所创造的大量财富流向了资方和其管理者。这也加剧了收入分配的差异。

四、金融资本主义及其全球化

金融资本主义的转型必须得到特殊的强调。上面强调过，全球化历来就是由资本推动的。最近一波全球化也同样。制造业的全球化在很大程度上也是由金融资本主义的全球化所推动。人们必须注意到，金融资本主义已经取代了制造业（工业）资本主义而成为当代资本主义最主要的形式。尤其在英、美等国家，随着制造业转移到了其他国家，金融业成为主体产业。而其他一些国家，例如德国、法国和意大利，尽管制造业仍然存在，但受金融资本主义的影响也越来越甚。

金融资本主义占据主导地位，对实体经济产生了很大的影响。金融资本主义已经有很长的历史，但今天的金融资本主义和传统金融资本主义有很大的不同，尽管两者都是追求利润的最大化。首先是规模的不同。今天金融资本的规模不是人类传统上所经历的所能比拟的。其次，传统金融资本主义是为实体也就是工业资本主义服务的，金融业也就是为企业融资。但今天的金融资本主义的目的是为了自我膨胀，就是说，融资是为了聚集更多的资本。资本的目的就是资本本身，就是"以钱生钱"。不错，金融资本仍然投资于实体经济，但这里金融资本是主体，实体经济变成了客体。从前更多的是金融资本依赖于实体经济，现在则相反，是实体经济高度依赖于金融资本，而金融资本可以脱离实体经济而存在。

金融资本主义也产生着我们上面所讨论的一系列的负面效应。其一是理论问题。去道德化的情况，金融资本远比制造业严重。实际上，金融业历来就被视为投机业。2008 年开始的世界性金融危机足以表明金融资本主义已经发展到什么样的程度，它创造了无数"衍生工具"来自我扩张。"机会主义"或者

"投机"已经成为金融资本的核心价值观。其二，金融资本不产生就业。这种情况也比制造业严重。制造业不产生就业主要是因为全球化，而现代金融业从其本质上说是没有就业机会的。传统金融业产生了大量的就业机会，主要是中介人。在西方，金融业的专业人员是中产阶级很重要的来源。但今天，这一大批专业人员已经为电脑所取代。在金融界，人们看到的只是几个大老板和少量的电脑操作人员，即所谓的"金融工程人员"。在一些情况下，金融业不仅不产生就业，反而阻碍就业，例如，有些技术创新本来可以转化成为产业，从而产生就业，但如果金融资本认为某一技术会对其所掌握的产业产生负面影响，那么就会运用其庞大的财力，把这个技术买断，从而使其失去就业的机会。其三，金融业逃避国家税收。这一点和前面讨论到的制造业没有什么不同，而且在金融业，情况更加严重。金融资本比制造业更加全球化，可以流到全世界的各个角落。其四，金融业加剧收入差异。人们对这一点没有什么不同意见，看看华尔街的情况就一清二楚了。

更为重要的是全球金融资本主义已经产生了一场全球范围内的货币化运动。马克思早已经在他那个时代就观察到，资本的特点就是要把一切东西都"商品化"，用来交易。金融资本主义为了追求利润的最大化，迫切要求把一切事物货币化。道理很简单，只有通过货币化，所有东西才可以进入金融流通领域。金融资本主义因此要求主权国家放弃对金融活动的任何控制，例如要求资本账户的开放等等。实际上，在这一波全球化运动中，金融资本主义已经构成新自由主义经济学的主体意识形态。为了对事物进行货币化，金融资本不惜和专制政权相结合，进行大规模的私有化运动。私有化是第一步，只有私有化之后，私人才能对事物进行货币化。

全球金融资本主义实际上已经造就了庞大的金融帝国。这些金融帝国掌握了极其大量的货币，它们可以和任何一个主权国家所掌握的资金相比拟。它们在构成全球化的主体的同时对越来越多的主权国家构成了严重的威胁。我们可以把金融资本主义视为一条不断膨胀的河流。如果一个主权国家不能连接这条河流，那么河水怎么也不会流到这个国家，这个国家或许永远得不到发展；但是，如果这个国家连接到这条河流，而又没有有效的堤坝来防止河流的泛滥，那么就会被洪水冲垮。或者说，如果没有强健的制度机制，金融资本主义可以冲垮很多国家的金融体系，使得国家的财富被"洪水"卷走。

五、全球化与弱政府

另外一个可以观察到的现象就是，在这一波全球化到来之后，在世界范围内出现弱政府现象。不管什么样的制度背景，无论是民主还是权威主义，无论是单一制还是联邦制，弱政府是个普遍现象。在北美和欧洲，这些传统上被定义为民主的国家，现存的民主已经难以产生一个强政府，甚至难以产生一个有效政府。在阿拉伯世界，社会抗议运动（一些人称之为"民主化"运动）不断使一个又一个政府瘫痪。在亚洲，日本政坛的动荡尽人皆知（六年里产生了五个政府）。泰国、菲律宾、马来西亚等国家都面临政治不稳定问题。即使是实行一党独大制度的新加坡也面临包括社会媒体等等的各种挑战。

那么，全球化是如何弱化主权国家的政府的？在这方面，西方比较典型。全球化在西方首先发生，其出现的问题具有标志性。从20世纪80年代开始，西方就有很多学者开始观察到经济全球化对主权国家的挑战。实际上，正如我们上面所讨论过的，经济主权的消失已经弱化了主权政府。上面提到的所有要素，例如经济道德的消失、就业的困难、税收的减少等等都在弱化着主权政府。如果这些是经济面的因素，那么西方民主的转型更是弱化着主权政府。

历史地看，西方的民主已经经历了三个大的阶段，或者说经历了三次大的转型，而每一次转型都不是强化政府，而是使得政府更加弱化。

在西方民主的历史上，第一波民主化可以说是资产阶级的民主化。在民主化之前，西方大多是君主贵族政权。资产阶级是第一个有能力和君主贵族分享权力的社会群体。第一波民主就是马克思所说的资产阶级民主，也就是精英民主。在资产阶级民主阶段，民主和资本主义经济制度配合得非常好，即政府和资本之间的关系很融洽。诚如马克思所指出的，政权本身是资产阶级所产生，前者是后者的代表。从经济形式看，这个相当长的阶段属于原始资本主义阶段。政府和资本往往站在一起，对雇佣工人（劳动者）进行剥削。这种"人吃人"资本主义可以从马克思、狄更斯、雨果等等作家的描述中看得非常清楚。

第二波西方民主化的动力是工人阶级。资产阶级为了利润，大力发展产业，到处拓展市场。结果，不仅创造了大量的财富，而且也培养出一个庞大的工人阶级或者无产阶级队伍。这个阶级早期受资产阶级的剥削，但随着其组织化程度的提高，其"人口"力量越来越强大。他们开始要和资产阶级分享权力，要求改善劳动条件、提高工资等等。工人阶级运动开始发挥政治影响力。工人阶级运动对西方民主进程的影响怎么说都不会过分，我们可以从如下几个方面来看：

第一是西方民主开始从原先的精英（资产阶级）民主向大众民主转型。工人阶级凭借其"人口"（众多）的力量，要求政治参与，要求普选权。继资产阶级之后，工人阶级也变成进入了政治过程的社会群体。第二是促成了劳动关系的变化。之前，政府和资本结合在一起，对劳动者进行剥削。工人阶级崛起之后，政府开始和资本分离。这种分离符合资本和劳动者双方的利益。对资本来说，这种分离有利于政府在劳资双方做一个比较中立的角色，来缓解劳动者和资本之间的冲突，调和两者之间利益。这尤其表现在法团主义（corporatism）的制度安排上。第三是政府和资本分离也促成了西方政府对经济的监管制度（regulatory regime）的确立。这一点很重要。在原始资本主义阶段，资产阶级唯利是图，根本不顾工人、消费者、社会的利益。环境污染、工业事故、毒食品等等，曾经在西方长期存在。但随着政府和资本的分离，政府开始有条件来确立制度，规制资本的运作。很显然，政府和资本分离，政府权力基于工人的选票之上，至少减少了政治权力对资本的依赖程度。没有这种分离，没有工人阶级对政府权力的支持，西方规制型政府不可能产生。第四，在社会制度上，西方开始从原始资本主义向福利资本主义制度转型。资本的唯一目标是利润。西方从原始资本主义到福利资本主义的转型不是资本本身发展的逻辑结果，而是西方政治和社会改革的结果。工人阶级运动扮演了主要角色。社会主义产生于西方是有其深刻道理的。社会主义运动的目标是确立社会制度，包括社会保障、医疗、教育、公共住房等等。当然，这些社会目标并不是一步到位的，而是通过长期的发展而得到确立的。最初的社会主义运动也只局限于最低劳动保护、工资等方面。如果说资本主义的发展为西方确立了一整套市场制度，那么社会主义的发展为西方确立了一整套国家社会制度。

马克思说资产阶级是自己的"掘墓人"。资产阶级产生和培养了自己的竞争者，即工人阶级，但工人阶级并不注定要成为资产阶级的"掘墓人"的。在资本主义先发展的国家，工人阶级的崛起不仅没有"埋葬"资产阶级，反而拯救了资产阶级，促成了资产阶级向另一个方向发展，即人道主义的资本主义。社会主义运动导致了社会制度的确立，保障了工人的基本利益，从而保障了社会的稳定，而社会的稳定反过来为资本主义的进一步发展提供了社会基础。同时，资本不再单纯依赖于对工人阶级的高强度的剥削，而是转而依靠技术和管理创新。工业资本主义技术和管理水平的提高也促成了工人从简单的劳作者转型成为技术工人。在这一过程中，昔日的无产阶级转型成为中产阶级。社会制度和中产阶级便是消费社会的主柱或者基础。这样，西方的经济也具有了充足的发展动力。

但是，在后发展中国家，其典型是俄国，工人阶级的确成为了资产阶级的"掘墓人"。在这些后发展中国家，国家政权并不像先发展国家那样在资本和劳动者之间充当一个协调者，而是和劳动者站在一起。国家政权和劳动者的一体化构成了巨大的力量，消灭了资本和资本赖以生存的市场。当然，在这些国家，资本的力量本来就不是很强。消灭了资本之后，这些国家不可避免地走上了日后的"计划经济"的道路。但是，在消灭了资本之后，谁来发展经济？消灭了市场，又如何发展经济？如日后的历史所证明的，"计划经济"最终走上了经济学家哈耶克（Friedrich August von Hayek）所说的"通往奴役的道路"。没有了发展经济的主体与动力，贫穷也成为必然。苏联东欧的计划经济导致了普遍的贫穷，即贫穷社会主义，这不难理解。社会主义本来就是要使得经济发展更加公平，更加可持续，但贫穷社会主义最后走上了自我毁灭的道路。采用苏联模式贫穷社会主义的主权国家在和西方国家的竞争过程中败下阵来。而中国自20世纪70年代后期开始重新接受市场经济，才避免了苏联那样的命运。（这一点后面还会加以详细讨论。）

第三波西方民主就是大众民主。资产阶级创造了工人阶级，工人阶级进入政治过程，这使得西方民主大众化变得不可避免。之后，各种社会群体包括妇女、少数种族等也通过各种社会运动（例如美国的黑人民权运动）进入政治过程，民主的大众化过程至少从理论上说已经完成。现在人们把很多权利和民主化联系起来。从历史上看，的确很多权利尤其是公民的政治权利是随着民主化而产生的。不过，我们要注意两点：

第一，如上面所讨论过的，很多方面的权利，尤其是经济和社会权利，在民主化之前就已经实现。西方很多方面的社会制度建设发生在大众民主化之前，甚至在专制主义阶段。最明显的就是法国的教育制度是在拿破仑时代建立的；德国的社会保障制度是在"铁血宰相"俾斯麦时代建立的。可以说，西方国家的大多数基本国家制度和大众民主化没有什么紧密的关联。所以，我一直强调，国家制度建设在先，民主化在后。大部分国家制度必须在大众民主化之前得到建立。如果不能得到建立，那么在民主化之后很可能再也没有机会了。民主化可以产生巨大的政治能量。不过，这种政治能量尽管可以有效地摧毁现有的制度，但不能同样有效地建设新制度。历史地看，民主政治对国家制度建设的贡献并不是很大。我们可以举美国为例。美国是典型的民主国家，其大部分制度都是建国那一代政治领袖建立的，后来只是修修补补。只有在 20 世纪 30 年代大萧条的时候，当社会经济的动荡威胁到政权生存的情况下，才利用危机开始确立社会保障制度。2008 年金融危机之后，美国政府也试图为穷人建立医疗保障制度，但遇到了极大的困难，前途未卜。可能是危机不够深刻吧！在危机没有对政权产生足够威胁的情况下，各方面的力量很难妥协，重大的改革自然很难成功。实际上，民主制度是一种极其保守的制度。在民主政治下，各方面的利益都可以得到表达，但要他们之间作出重大的妥协则非常困难，民主制度因此非常有利于维持现状。

　　我要强调的第二点是民主政治所给予的权利大多数是理论上和法律上的，而非实际上的。民主政治强调平等、自由、参与等等一系列人类所向往的原则，但并不是说民主化了之后，这些权利就会自动实现。道理很简单，这些权利的实现是需要很多条件的。民主政治在法律上保障人人的机会平等，但现实则是不平等的。尽管在民主大众化之后，原先建立的各种国家制度变得更加平等，对弱势社会阶层有利，但并不是说在实际层面，每一个人的权利真正平等了。民主是用理论上和法律上的平等掩盖实事上的不平等的一种制度。正因为这样，我们可以发现，即使在被视为最民主的国家，不同社会群体也经常通过社会运动的方式要求平等的权利。女权运动和少数种族运动是两个常见的例子。

大众民主对西方的经济和政治产生了巨大的影响。如上面所说，在精英（资产阶级）民主阶段，政治和经济体系互相配合，没有重大的冲突；在大众民主化的早期，政府开始和资本脱离，向社会倾斜，但政府还是可以超越资本和社会，在两者之间充当协调人。但在大众民主时代，政府很快向社会倾斜。大众民主说到底就是"一人一票"的选举民主。对政治人物来说，要得到政治权力，首先就要得到足够的选票。很显然，从选票数来讲，社会远较资本来得重要。这使得今天的大众民主越来越带有民粹主义的色彩。在福利国家，大众民主对经济的负面影响越来越显著。民主在很大程度上演变成为福利政策的"拍卖会"。但问题是，谁来买单？西方的政治人物不管自己国家的经济体已经不能承担越来越高的福利负担，但为了选票还得继续承诺高福利。而大多社会群体则看不到自己的长远利益，他们也不愿放弃任何利益。高福利的钱从哪里来？向老百姓借钱，向外国借钱，向未来借钱，这些都是西方的方法。高福利是这次欧洲危机的根源。

但荒唐的是，大众民主也很难建立一个强政府，尤其在全球化时代。上面说过，在全球化时代，政府的税收政策成为问题。一方面是本国资本全球化，但是政府没有有效的税收机制对流向海外的资本征税。不仅如此，政府也很难对仍然处于本国的资本者（富人）征税，因为一旦税收过高，会迫使这些资本者流向海外。政府所能做的就是继续向中产阶级征税。而中产阶级在制造业和金融业全球化的影响下，其生活已经相当艰难。政府向中产阶级征税就很难得到中产阶级的支持。更进一步，西方民主发展到今天，已经变成一种互相否决的制度。这和民主的保守性有关。因为各种利益都可以被动员，如果在各种利益比较平衡的情况下，谁也成为不了多数，就造成了互相否决的局面。

全球化、资本外流、就业不足、过度福利、弱政府，等等，所有这些问题是西方经济结构失衡、经济和政治失衡的结果。这表明西方的经济和政治制度又到了一个改革和转型的新阶段。最近，海内外开始讨论资本主义危机。但是，在很大程度上，这更是政治权力危机和国家政权危机，是政治秩序危机。对西方来说，问题的核心是如何重建国家权力。西方花了很长的历史时间，确立了对产业资本主义的监管体制，那么，现在需要多少年来确立对全球化背景下的金融资本主义和制造业资本主义的监管体制呢？建立政府对企业的规制首先需要一个强大的政府，但是在大众民主下又如何建立这样一个强大的政府呢？如果没有一个强大的政府，由谁来监管强大的资本力量呢？又有谁来制约民粹主义式的民主政治呢？

六、全球化中的东亚秩序模式

日本和亚洲"四小龙"在市场经济和政治发展的道路上是非常成功的典范，基本上也走过了西方发达国家所走过的道路。我把这条道路总结为：先经济，再社会，后政治；先发展，再分配，后民主。日本是亚洲第一个实现现代化的国家。在明治维新和之后的很长一段历史时间里，日本首先进行了国家制度建设，包括中央集权的政治制度和经济制度。日本的民主（确切地说是选举政治）是在二战后美国占领期间建立起来的，但人们都明白，尽管也像西方那样是选举民主，日本民主其实和西方民主不一样。在很长历史时间里，是一党独大体制，即日本自由民主党牢牢掌握着国家政权，是一种高度集权的民主体制。尽管自民党内部有派系竞争，但反对党没有能力挑战自民党的一党独大。在20世纪60年代经济开始起飞之后，日本花费了二十多年的时间，建立起一个庞大的中产阶级。同时，因为政府财力的增加，政府开始大量进行社会投资，社会保障、医疗卫生、教育等方面的制度建设加速。应当说，选举民主在社会建设方面扮演了一个积极的角色。因为要得到选票，政治人物努力把国家财政大力投入社会建设。资本主义和市场经济保障了日本长期的经济发展，而在社会制度保障下的庞大中产阶级构成了日本社会稳定的基础。从这次日本社会对大地震、海啸、核泄漏的反应来看，日本社会的强大是显而易见的。实际上，今天的日本已经呈现出典型的强社会、弱政府的状况，就是说，即使在政府失效的情况下，社会也能正常运作。

日本之后，亚洲"四小龙"也基本走上了类似日本的道路。唯一不同的是上面提到的民主化。表面上看，日本的民主化发生在经济起飞之前，但是，民主化发生的主要原因在于美国的占领，并且是一党独大的权威主义式选举民主。而在"四小龙"，经济发展、社会建设都发生在民主化之前。"四小龙"首先是建立一个权威主义政权，然后实现高速经济发展。等社会积累了一定的财富，政府再搞社会制度建设。而社会制度建设和中产阶级的存在又为和平的政治开放和民主化创造了条件。一方面，中产阶级在其生活水平达到一定阶段之后，开始有政治参与的要求，这是民主化的动力；另一方面，社会制度和中产阶级的存在又保障了民主化进程的和平性质，即人民都能比较理性地参与政治过程。在"四小龙"当中，韩国和中国台湾已经实现民主化，新加坡最近民主化也在加速，中国香港的中产阶级也在追求民主化。但不管如何，如果和欧洲国家早期民主过程中大规模的暴力行为（尤其是工人阶级运动）相比，东亚社会的民主化显得非常理性、有序、和平。

从国家和市场、政府和人民的关系看，东亚模式的成功主要是它们选择了与西方先发展国家、苏联东欧国家不同的"第三条道路"。与西方先发展国家相比，东亚政府扮演了一个更为重要的角色。在西方，无论是经济发展还是社会建设都经历了一个比较"自然"的过程。经济发展主要是由市场驱动，政府在其中的作用并不很大，主要是规制经济活动的角色。在社会建设上，只有出现了大规模的工人阶级运动，西方整体制度面临危机的情况下，政府才开始涉足社会领域。也就是上面所讨论过的，政府开始和资本分离，把建立在资本基础上的政治合法性逐渐转移到依靠选票的民主合法性。但在东亚尤其是"四小龙"，情况有很大的不同。政府通过各种方式来促进经济发展，形成了学界所说的"发展型政府"（developmental states）。在学术界，这方面已经有大量的文献。更为重要的是，政府主动采取有效政策，进行社会制度建设，培植中产阶级，从而避免了类似西方早期发生的具有暴力特征的工人阶级运动。日本政府在进行社会制度建设的同时，从20世纪60年代开始通过类似工资"倍增计划"等政策，提高劳动者工资，扶植中产阶级的成长。韩国、中国香港和中国台湾大力扶植民营企业，尤其是中小企业，造就了有利于公平性经济增长的经济结构。这里，日本和韩国的企业集团值得强调。正如我们所看到的，日本和韩国的大型企业集团在各自国家的经济发展尤其是国际竞争力方面起到了关键的作用。大型企业集团的产生和发展是政府和企业之间联盟的结果。没有政府各方面的大力支持，这些民营企业很难实现日后的大发展。支持这种发展模式的人称之为"东亚战略型资本主义"，但批评者（主要是西方学者）称之为"权贵资本主义"，前者指向政府和企业之间关联的优势，后者指向这种关联的劣势。新加坡政府在促进经济增长和社会制度建设方面更是典范。从社会阶层变化来说，东亚社会的中产阶级从产生到壮大花费了比西方短得多的时间。这是政府和企业合作的功劳。

与苏联和东欧共产主义不同，东亚政府不仅容许市场扮演一个更为重要的角色，更为重要的是创造制度条件促进市场的发育和成长。如前面所说，苏联东欧模式就是政府和社会的结合，消灭了资产阶级和市场机制，代之以完全由政府主导的计划经济。东亚社会拒绝这条当时非常激进的选择，而是走上了利用市场机制加政府干预的道路。日本和韩国政府大力扶植民营企业，政府动员大量的资源，投入具有战略性意义的产业，使其产业在很短的时间内能够和西方发达国家的企业相竞争。中国台湾也通过类似的政府政策，在大力扶植战略型产业的同时支持中小企业。中国香港尽管是典型的自由市场，但政府也扮演了重要的角色，即通过法治来保障自由市场的运作。新加坡比较特殊。新加坡发展出一个庞大的政府产业（政府关联企业和政府投资企业），这和其他经济体不同。但是，在充分利用市场这方面，没有重大的区别。新加坡的国有企业完全和苏联东欧计划经济下的国有企业不同。道理很简单：在新加坡，企业是企业，企业的运作必须符合市场规则，政府不会保护自己的企业免受市场的竞争。

因为对政府作用和市场作用的充分运作，东亚经济体在很短时间内赶上了西方。不过，在全球化时代，东亚各经济体今天也都面临不同程度的严峻挑战，东亚模式正接受考验。这里至少有两方面的因素。客观上说，作为全球经济的一部分，东亚经济也不可避免地遭受经济危机的冲击。所有东亚经济都是出口导向的外向型经济体，高度依赖于西方经济体。世界经济的变化必然会影响到东亚经济。不过，这里也有主观上的因素，即这些经济体逐渐失去了自己往日的"战略性"，越来越具有西方经济体的特征。日本在很大程度上类似西方。在20世纪80年代的房地产泡沫破产之后，日本改变了自己特有的经济运作方式（例如强调政府作用、企业终身雇用制等），力图引入西方新自由主义式的经济竞争模式。不过，现在看来，不仅没有成效，反而在恶化经济情况。日本社会仍然难以适应西方新自由主义式的竞争模式。此外，也和西方一样，日本的大众民主现在已经很难产生一个有效的政府。传统上，自民党内部通过各种协调机制达成共识，但现在执政党和反对党之间在很多政策上正在向"互相否决"型政党体制演变。韩国在经历了 1997 年亚洲金融危机之后，大力进行经济改革。2008 年的全球性经济危机对韩国影响并不显著。直到目前为止，在促进经济发展方面，韩国政府仍然能够继续扮演一个积极角色。政府的政策并不是被动跟随"民意"，而是在塑造"民意"，克服来自民粹主义的压力，领导国家的经济发展。中国台湾和香港的经济现在越来越依赖大陆，在产业转移方面，和西方一些经济体有很多类似的地方。这两个地区的主要问题是政治问题。香港地区缺少一个有效的政治领导层在经济发展过程中扮演积极作用的同时协调经济和政治的发展。台湾地区的民主化比较和平，但民主化对经济运作产生了很多负面的影响。在 20 世纪 90 年代，台湾地区和新加坡的人均 GDP 处于差不多的水平，但现在台湾的人均 GDP 只是新加坡的一半还不到。同时，随着民主化进程，民主化有很浓厚的民粹化味道。政府官员简单跟随"民意"，着眼于短期利益，有利于长远经济发展的政策很难到位。其中一个结果就是，政府的社会开支越来越大，债务严重。台湾地区如何逃离"欧洲式"福利社会危机是其面临的艰巨任务。新加坡到目前为止理性地追求着自己的发展模式，也有效避免了其他东亚经济体的弊病。例如，新加坡不想盲目引入欧洲式福利制度，而是发展出有利于可持续发展的社会保护模式。不过，随着民主的大众化，新加坡模式也要接受挑战。

　　总之，在全球化面前，所有东亚经济体都面临产业转移、就业不足（新加坡除外）、内部收入差异日益加大、社会分化严重、弱政府等等问题。因此，和西方一样，东亚这些经济体也面临着如何进一步深化改革的问题。

七、全球化与中国秩序模式

这一波全球化自20世纪80年代开始，在很短的时间里就达到了顶峰。这里既有发达国家尤其是美国的推动，也有发展中国家尤其是中国的主动迎接。在这个过程中，西方美国忙于把自己的制度推行到其他国家，忘掉了全球化也同样在冲击着西方本身的现有各种制度。从历史经验看，西方需要很长的一段历史时间来改革现行制度体系。那么，中国呢？中国既是这一波全球化的参与者和推动者，也是其受惠者。同时，正是因为中国是全球化的一部分，中国也遭受了全球化的影响。尽管中国也面临和全球化关联的诸多问题，但和所有其他国家相比，中国有效地应对了全球经济危机，并能保持相对高速的经济发展，为世界经济提供着最强有力的动力。因此，国际社会对中国秩序模式越来越关注。

在全球化构架内讨论中国秩序模式有多重的意义：首先当然是中国自己的经验。中国从一个毛泽东时代相对落后的国家在短短几十年里成为全球化最主要的推动者，这本身就是一个奇迹。这里的经验需要总结。其次是中国模式面临的问题。这些问题从哪里来？中国模式本身是否能够解决这些问题？如果能够，那么表明中国模式是可持续的；如果不能，那么这个模式就没有前途。再次，从更深一层次看，中国模式能否成为西方模式之外的另一个选择？西方现在发生危机，人们也关切着西方模式能否自我修复。但不管怎样，西方危机告诉人们，西方模式也并非完美，也需要随着现实的变化而变化。既然西方模式不是放之四海而皆准，那么也有发展其他模式的可能性。中国模式就变得非常相关。当然，说中国模式并不是说中国要取代西方模式，中国秩序要取代西方秩序，而只是说，中国在发展着和西方不同的发展模式和制度秩序。不同的模式不是一种互相排斥和敌视的关系，而是一种可以互相学习借鉴的关系。中国模式的产生和发展是在开放状态下进行的，就是说，中国模式深受外在环境的影响。这表明，中国模式和外在世界的紧密相关性。中国模式成功了，外在世界可以学习借鉴。这不仅对发展中国家来说如此，对发达国家也如此。

从全球化的视角来看中国模式的产生和发展非常有意思。首先应当看到，现代中国体制的产生是一种过去"反全球化"的产物。无论是苏联东欧的共产主义还是中国的共产主义政权，可以说都是一种"反全球化"的产物。如前面所讨论的，全球化自西方开始，传播到其他地区。全球化首先是经济的全球化，由追求利润的资本者依靠市场的力量，在国家政权的力量的辅助下把整个世界融为一体。这是马克思所观察到的。这一观察被后来的新马克思主义学者所发挥，发展出了不同的理论。最著名的是资本主义中心地带—边缘地带关联理论和依附性经济体。前者讨论西方和非西方、北方和南方的经济关系，后者主要是由拉丁美洲学者所发展，探讨拉丁美洲经济对西方资本主义的高度依附是如何造就拉美的经济落后的。

资本全球化不仅带来了经济活动的全球化，而且也为非西方世界带来了巨大的政治变迁。很多国家演变成西方的殖民地，而另外一些国家则高度依附于西方。无论怎样，不发达和落后都是其结果。那么，如何逃脱资本的"全球化"呢？列宁提出的解放方法就是，后发展中国家必须通过革命，建立新政权，在帝国主义的"链条"上断裂开来。这就是著名的苏联"十月革命"所选择的道路，这条道路成为很多国家（包括中国）的选择。通过当时的"无产阶级的革命"，这些国家形成了一种和西方不同的政治制度以及和西方不同的经济制度。

这就是今天人们所强调的"历史的选择"。落后国家受帝国主义也即先发展国家的侵略和欺负，要改变被殖民、边缘状态、高度依附等局面，一个选择是像苏联和中国那样从那个体系里挣脱出来，另一个选择就是在那个体系内部打拼，往上爬。历史只能解释，不能假设。中国当时的政治局势决定了中国必然要选择革命的道路，这一道路从孙中山到毛泽东都非常明确，具有一致性。但如果允许假设，中国如果不选择中国共产党所选择的经济模式，那么中国会是怎样呢？从历史经验看，中国或许会出现日后的拉丁美洲模式，即处于资本主义的边缘状态，高度依赖西方；或者印度模式，在很长时间里停留在农业社会；当然，也有可能出现日本、"四小龙"那样的东亚模式。

通过革命建设一个新的国家制度，借此逃离西方的政治控制，中国作了如此选择，但这并不意味着中国一定要选择计划经济。实际上，1949年新中国成立之后，中国再次面临选择。毛泽东所设想的新民主主义政权和后来的计划经济相差很远。问题在于后来毛泽东走向了极端。新中国成立之后，毛泽东实行"继续革命"路线，国家政权和社会底层合作，在很短的时间里改变了"新民主主义路线"，不仅彻底消灭了私有制，而且也消灭了私有部门的主体，即资本家和地主等群体。没有了私营企业，没有了企业主，没有了市场，经济的发展也就失去了动力。怎么办？毛泽东转向了政治动员。"大跃进"和"文化大革命"是两次巨大的政治动员，依靠上下级政府之间的分权来发展经济和政治控制。尽管毛泽东也想通过分权运动走出一条与苏联和东欧不同的经济路线，但没有了资本和市场，最终也不得不走上了一条没有前途的贫穷社会主义道路。

1978年以来中国实行改革开放，再次作了选择。无论是对内改革还是对外开放，其核心都是市场经济，主动融入西方经济体系并通过改革国内方方面面的制度与之接轨，从而建立基本的市场经济制度。从毛泽东的"脱轨"到邓小平的"接轨"，这是个翻天覆地的变化，但两者之间有很大的关联。可以说，"脱轨"为"接轨"之基础。在"脱轨"的状态下，中国建设了一个强大的国家政权。没有这个强大的国家政权，中国会难以脱离依附西方的局面。邓小平后来说"两手抓"，之所以能够"两手抓"，主要是因为有一个强大的国家政权。

十多年前，当西方学者纷纷论证全球化如何弱化主权国家的时候，我在研究中国的全球化现象，观察到一个刚好相反的现象，那就是，如果说在西方全球化弱化了主权国家，那么在中国，很多方面，全球化促成了国家的转型，使得主权国家更加强大（见《全球化与中国国家转型》，剑桥大学出版社 2004年版。中文版为浙江人民出版社 2009 年版）。

那么，以市场经济为主轴的全球化对中国产生了怎样的影响呢？我在《全球化与中国国家转型》那本书中，强调了如下几个方面的影响：

第一是意识形态的转型。从"五四运动"到毛泽东时代，由于长时期的革命（和继续革命）式的动员，中国社会转型成为一个高度意识形态化的社会。意识形态指导一切，衡量一切。当然这里指的是与计划经济相适应的政治动员型意识形态。改革再次接受了市场。从前，市场被视为仅仅是资本主义的产物，但邓小平解决了这个问题。在邓小平看来，市场本身没有意识形态成分，它只是一种人类创造财富的工具。因此，资本主义可以利用市场，社会主义也可以利用市场。这种去意识形态化的市场意识无疑符合历史和现实情况。历史地看，中国历史数千年，在大部分时期，市场也存在，并且相当发达。从现实看，除了苏联东欧和毛泽东时代的中国本身，市场也存在于不同的政治和经济体制下。1992 年，邓小平"南方谈话"之后的中共十四大，正式提出了"社会主义市场经济"的概念，并将其写入宪法，执政党因此完成了意识形态的转型。从全球化角度看，这一转型既是全球化的产物，也是中国融入世界的前提条件。很难想象，在计划经济意识形态下，中国能够实现和世界"接轨"并"走出去"。

第二是执政党的转型。市场经济条件下，中国发展出多种经济成分来。农村人民公社体制解体之后，首先在农村产生一个非集体经济部门来。然后在城市的国有企业部门之外，产生出一个非国有部门，也即民营企业部门。民营企业在 20 世纪 90 年代中期的"抓大放小"改革之后更是获得了高速发展的动力。外资的进入和各种合资企业的产生也增加了所有制成分的多元化。这种客观形势要求执政党转型。如同在其他地方，中国共产党的传统宗旨也是要消灭私有制，消灭资产阶级。毛泽东时代就是这么做的。改革开放之后，执政党与时俱进，克服左派的阻力，首先修改宪法，给予私有财产法律上的合法性，然后再制定《物权法》，为私有财产提供法律上的保障。同时，执政党也逐渐开放政治过程，容许并鼓励民营企业家加入共产党。这样，执政党至少从理论上说已经从一个封闭性政党转型成为能够代表大多数社会利益阶层的开放性政党。这种转型是中国政治秩序的一个里程碑。

第三是社会的转型。在毛泽东时代，中国以意识形态来组织社会。很显然，社会的不同群体是以政治意识形态来划分，也是以此来管理和控制的。这在"文化大革命"期间，达到顶峰。所谓的"地、富、反、坏、右"（黑五类）等都是高度政治化的。在"去意识形态化"之后，中国社会回归自然，转型为一个以利益导向的社会。尽管以利益为导向的社会也会出现很多问题，但较之以意识形态为导向的社会，利益社会更符合人性。

第四是干部体制的转型。1949 年之后建立起来的干部体制完全是为当时的计划经济服务的，对各种经济活动和社会进行行政管理。这套干部体系和市场经济格格不入。从 20 世纪 80 年代到 90 年代末，通过多次干部体制改革（或者"机构改革"），中国确立了一套基本上和市场经济相适应的干部体系。最大幅度的改革发生在朱镕基任总理的时候。进入 21 世纪之后，干部体制改革的重心已经转移到"大部制"的改革，意在建立规制政府。这也是和世界"接轨"。在"大部制"下，政府的功能要从之前的直接干预经济活动转型为对经济活动进行规制。今天，这个任务远未完成，但方向则是明确的。

　　第五是经济体制的转型。在计划经济时代，政治、社会和企业"三位一体"，构成了严密的控制体系。一个企业同时也是社会和政治体。在组织功能不分的情况下，中国没有基本的国家制度建设。在市场经济开始之后，"三位一体"的制度很快就不适应时代的需要。到目前为止，尽管国有企业和政府还没有分离开来，但中国社会基本上已经实现了功能分离，即企业和其社会功能分离开来，政府功能和经济功能分离开来。这就需要和市场经济相适应的经济体制的建设。这方面已经有很大的进步，中国已经建立了包括分税制、中央银行制度、财政制度等在内的支撑市场经济的基本国家制度。同时，到21世纪初，中国也实现了国有部门和非国有部门、大型国有企业和中小型民营企业之间的基本平衡，从而实现政府和市场之间的基本平衡。

　　全球化在所有这些方面都对中国的国家建设产生了正面的积极效应，但也对中国的政治秩序构成了巨大的挑战。我在《全球化与中国国家转型》中主要讨论了中国如何建设法治基础之上的国家治理制度。市场经济归根到底是一种法治经济。在西方，如前面所讨论到的，现（近）代国家是建立在市场体系之上的。就是说，先有市场，再有国家。这样，国家的法律体系在很大程度上是为市场服务的。这一点，马克思看得很清楚，他认为西方的整个法律体系是为资本服务的，法律是资本利益的体现。当然，在马克思之后，西方的法律体系也发生了很大的变化，政治和资本分离开来，很多法律是用来规制资本从事市场活动的。但在中国，改革开放之后的市场是通过国家力量而引入的，市场服从国家。在这样的情况下，中国的法律往往只是国家政权的工具。法治不能到位，中国的市场经济就没有制度化的基础。今天看来，这个挑战越来越严峻了。

八、中国秩序模式的未来

21 世纪初，正当中国经济高速平稳发展而西方经济遭遇困难的时候，就有西方学者提出"北京共识"的概念，和已经存在的"华盛顿共识"相对应。尽管"北京共识"只是一个高度政治化的概念，但也引出了大量的有关中国模式的讨论。讨论的早期，人们努力去认识什么是"中国模式"，也就是"中国模式"包含有哪些内容。但在 2008 年全球性金融危机之后，关于"中国模式"的讨论迅速政治化。一些人看到中国有效地应付了金融危机，认为"中国模式"优越于其他模式，包括西方模式。在这个群体中，也有诸多利益集团试图把既得利益固定化和制度化而鼓吹"中国模式"的优越性。而另外一些人则着眼于中国这些年来所产生的各种问题诸如国有部门的大扩张、贫富差距加大和社会分化加剧等，大力鞭挞"中国模式"，认为中国改革的目标就是要消灭它。在那些认为"西方的是普世的"的人看来，"中国模式"没有任何存在的理由。这个群体中，一些人认为中国的发展没有什么了不起，只不过是向西方国家学了市场经济而已。

我很早提出"中国模式"问题。我特别反对"北京共识"这个概念，因为这一概念意味着中国可以向其他国家推广其发展模式。我相信，各个国家都可以根据自己的国情找到自己独特的发展模式，在这个过程中并不排除向其他国家学习经验。但同时，我认为的确存在着中国模式，那就是中国的发展经验。对中国模式高度政治化的讨论显然并不能帮助我们对中国模式的优势和劣势进行充分的认识。那些强调中国模式比其他制度优越的观点已经超出了我的讨论范围。我要解释的是中国体制到底是如何运作的以及这个体制在应付各种问题过程中的优势和劣势。如果认为中国模式比其他模式优越，不需要发展和改善了，那么最终只能埋葬这个模式。这对任何体制来说都是一样的。在20世纪50—60年代，人们也认为计划经济体制是最优越的，但没有过几十年，这个体制就行不通了。同样，在冷战结束之后，西方一片乐观主义，认为基于自由市场之上的民主制度是"历史的终结"，也就是人类最后的体制。但没过多久，就发生了经济危机，并殃及世界其他地方。如果人们不想终结中国模式，那么就要研究其劣势，思考着如何继续改革和不断完善这个体制。

另外，那些相信"西方的是普世的"的人的观点也不在我讨论的范围。我并不认为市场价值观就是西方的，市场只存在于西方。如上所说，中国数千年历史上，市场也曾经非常发达，中国人也认识到市场对于经济发展和经济管理的重要性。计划经济时代的确消灭了市场，中国改革开放又引入市场机制，但这并不是说市场观念就是西方的。再者，我也不认为西方市场经济模式是唯一的模式。尽管现在西方市场模式发生了那么大的危机，但这些人仍然用西方市场经济模式来评判中国模式，这既无助于在对西方模式进行反思的基础上改进西方模式，更不能认识中国模式所面临的真正的问题。

从中国自己的发展经验和西方模式所遭遇的困境来看，我更加相信中国模式的存在。中国模式在全球化环境下发生和发展。不过，如同西方模式，中国模式也面临挑战。在界定中国模式所存在的问题的基础上改善中国模式，这是我们必须承担的任务。

模式即结构，就是说，人们之所以把一种东西说成是模式，是因为这个东西存在着一个结构。研究一个模式就是要研究其结构，而不仅仅是这个结构内的个体行为。支撑中国模式的是一个个结构。这里强调三个主体性结构，即经济结构、经济和社会结构、国家和社会结构。说中国模式面临问题，就是说它这些方面面临不平衡，即经济结构内部的不平衡、经济和社会之间的不平衡、国家和社会之间的不平衡。要改革和完善中国模式，就要取得这三方面的平衡。

九、经济结构内部的平衡

这些年来，我在做一项比较政治经济学研究，提出两个概念，认为中国是（政）府内市场（market in state），而美国是（市）场内国家（state in market）。就是说，在中国，市场要服从政府原则，而在美国，政府要服从市场原则。当然，如果用马克斯·韦伯的话来说，这两个只是理论上的"理想类型"（ideal type），也就是说在现实生活中找不到一个完全由政府主导的市场，也找不到一个完全由市场来主导的政府。事实上，即使在计划经济下，也会存在一定程度的市场，例如黑市和地下市场；即使在最典型的市场经济里，例如香港，政府对经济也会有一定的影响。但我们可以确信，从经验来看，在西方，如果市场占据绝对的主导地位，国家和社会没有有效的力量来平衡市场力量，那么危机必然发生。20世纪30年代的危机是这样，2008年以来的全球性金融危机也是这样。反之，在中国，如果国家力量占据绝对主导地位，没有市场和社会的力量来平衡国家力量，那么危机也必然发生。

对各国来说，问题在于，在处理政府和市场的关系时，如何在两者之间找到一个均衡点？在西方，政府从属于市场。尽管从总体上看，政府的经济功能在不断强化，但政府毕竟还是市场的一部分。无论是规制型国家（国家对市场进行规制）还是干预型国家（凯恩斯主义），政府和市场之间仍然有明确的边界，两者不能互相取代。但在中国，市场从属于政府。尽管改革开放以来，市场的空间在扩大，其功能也在不断强化，但市场还是政府的一部分。在很大程度上，市场只是政府实现其经济社会目标（或者政治工程）的一种工具。从这个角度来看，中国根本不可能像一些经济学家所说的出现了凯恩斯主义。中国政府对经济的干预远远超越了凯恩斯主义，可以说是一种典型的经济国家主义。

在市场经济中，政府和市场之间存在着明确的边界，尽管在不同国家，两者之间的边界划在哪里是不同的。先发展国家和后发展国家之间存在着区别。总体上看，在后发展国家，政府的作用要比先发展国家的大。例如在欧洲，英国因为其最先得到发展，其自由市场的空间远较后发展的德国和法国大。不同学派的经济学家对这个边界应当划在哪里的看法也不同，这可以从亚当·斯密、马克思、凯恩斯和当代的不同经济流派的不同意见和主张中看出。但所有这些都不会妨碍政府和市场之间的边界。所以，在西方，每次经济危机发生，人们总会强调政府的作用；而每次危机过后，总会强调政府要及时退出市场领域，还空间给市场。20 世纪 30 年代危机前后是这样，2008年全球金融危机发生以来的情形也是这样。实际上，近年来的实践表明，在西方，市场经济被视为正常，而政府经济被视为不正常。尽管经济危机还没有过去，很多人就忙着寻找政府的"退出"机制。

还必须指出的是，因为政府和市场之间存在着边界，政府在努力寻找和发展各种制度机制来和市场发生有效关联。一方面，政府必须发展出有效的制度，保障市场、生产效率的最大化，这样政府才能把税基做大；另一方面，政府也必须发展出同样有效的制度，在保障能够从市场领域汲取足够的税收收入的同时来规制市场，避免市场失控而发生危机。近代以来西方经济制度很多方面的创新就是在这样一种动态中进行的。

相比之下，在中国，市场存在并生活在政府规定的边界之中，政府和市场之间不存在任何边界。改革开放以来，中国也在向西方学习，建立现代财政税收、金融等制度。毫无疑问，所有这些制度的主体是政府。随着政府在这些方面制度能力的提高，其控制和调控市场的能力也在提高。这就是为什么改革开放以来，尽管中国的市场空间有了很大的扩张，但政府对市场的控制能力不仅没有减弱，反而在提高。在西方，政府掌握税收制度，但往往是私人部门主导金融。不过，中国最为重要的是政府本身仍然是经济活动的主体，就是说，政府仍然拥有一个庞大的国有部门。

那么，为防止国有经济为主体的市场经济产生经济危机，这里还有另外一种思路，也就是东亚模式的思路：

第一，可以对其实行陈云当年所说的"鸟笼经济"，也就是说，要给国有企业一个边界。朱镕基"抓大放小"战略的设想就是在对国家具有重要战略意义的领域搞国企，主要是学习日本和韩国的企业集团战略。但这一设想在朱镕基之后消失了。首先，必须给国企设定一些笼子，把应当让民营企业能做的让渡给民营企业，把那些国有企业和民营企业都能做的领域也让渡给民营企业。其次，在国企领域引入竞争机制。中国很大，一些领域内部要进入多个国企，鼓励国企之间的竞争。没有竞争，就没有进步。再次，引入市场化。这方面，中国可以学新加坡的经验。国企必须接受市场化的考验。实际上，中国的"国资委"本来就是根据新加坡的"淡马锡制度"而建立的，但中国只学了构架，没有学到精神，包括企业化、市场化、开放性、企业监督等等方面。同样重要的是要防止国有企业的内部私有化。今天的国有企业已经不再是计划经济时代的国有企业。今天，国有企业更多的是属于管理层。国企赢利了，他们可以自主地分配；但国企亏损了，他们可以向国家要钱。同时，国企内部的收入分化过于严重，管理层俨然和华尔街没有什么区别，而一般工人的工资过低。这是典型的内部私有化。在这个意义上，要对国企进行"分红"。简单地说，国企改革有三步：先要对国企实行"鸟笼经济"，再对国企进行市场化改革，然后再进行监管，实行"分红"。

第二，国家要大力扶植大规模的民营企业。这方面可以学习日本和韩国。如前面讨论过的，日本和韩国的成功主要是因为施行了"战略性资本主义"，国家从各方面大力支持发展大型的民营企业，让其快速成长，而增加其国际竞争能力。如果没有政府的支持，日本和韩国的企业不可能具有那么强的国际竞争力。在中国，政府的作为刚好相反，即把大量的资源导向国有企业，而限制民营企业的发展空间。中国国有企业的"走出去"显得困难重重。上面讨论过，随着西方有关中国"国家资本主义"政策概念的确立，"走出去"会越来越难。中国应当学习日本和韩国，在关键领域，国家大力扶持一大批具有国际竞争力的企业。20世纪50年代所实行的"公私合营"也是一个选择，但方向必须是相反的，即国有企业要帮助民营企业的成长。

第三，必须花更大的力气发展纯市场经济成分。市场是今天中国中小企业生存和发展的基础。中小企业对任何国家来说，都是解决好一次分配的最有效的机制。最大量的就业是由中小企业承担的。同时，中小企业发达的社会，其收入分配也相对公平。中小企业的发展还有其他很多的好处，例如创新。现在世界上大部分创新来自中小企业。中国在理论上也一直在强调中小企业，无论意识形态还是宪法法律，中小企业的重要性都已经说得很明白，但各种实际政策都是不利于中小企业发展的。如果不能把中小企业的发展置于政府的优先政策考虑，那么中小企业会越来越困难，中国难以出现一个平衡的经济结构。

如何扶持民营企业？人们对这一点认识并不清楚。各级政府对民营企业的重要性也是有认识的，但他们所做的很多事情与其说是帮助民营企业，倒不如说破坏着民营企业的长远利益。长期以来，各级政府官员帮助民营企业的做法通常包括提供廉价甚至免费土地、压低劳动工资、放松安全和环保方面的管制等等。这些实际上不利于民营企业的健康发展。现在充斥中国的食品安全、环保、生产安全等等问题已经成为民营企业的"毒瘤"。奶粉行业就是这种情况，山西的私人采矿业因为安全问题最终葬送了这个行业，被国家收回。其他很多行业都存在着类似的问题。

在变相破坏民营企业长远利益的同时，各级政府也在直接制约着民营企业。因为国家的垄断，缺少资金的民营企业没有有效的融资管道，而拥有资金的民营企业又缺乏投资空间。更为荒唐的是，国家也不允许民间集资来解决这个问题。如果允许民间集资，那么资金过剩的部门就可以流向资金短缺的部门。而各级政府那里，民间融资继续被视为非法。当然，归根到底，这里还是一个国家垄断的问题。不过，在全球化时代，如果不能给民间过剩资本提供出路，那么就自然会流向海外。这个趋势已经很明确了。

很显然，要有效扶持民营企业，政府必须在保障它们的自由发展、公平竞争环境的同时确立有效的监管机制。没有自由就没有发展，但没有监管也同样不会有可持续的发展。

十、经济和社会之间的平衡

第二大结构性平衡是经济和社会之间的平衡。经济和社会要协调发展的道理谁都懂，但很难在实际政策上表现出来。在前面的讨论中，我们强调过，西方早期也出现这种情况，光有经济发展，没有社会建设。但在工人阶级运动兴起之后，统治阶级面临挑战，西方各国政府转向社会改革，努力建立社会制度，包括社会保障、医疗、教育和公共住房等。当然，这些社会制度的建设不是短时期内完成的，而是需要经历漫长而痛苦的过程。即使在发达国家，例如美国，这一过程还没有完成。但不管怎样，这些属于基本国家制度的社会制度的确立为西方的可持续发展奠定了制度基础。很难想象，如果没有这些社会制度，西方如何能够建设消费社会。我们也强调，较之西方发达国家，日本和亚洲"四小龙"的政府在社会制度建设过程中扮演了一个更为积极主动的角色，从而避免了大规模的社会动荡，不仅为经济的可持续发展提供了一个稳定的社会环境，还为和平的民主化改革打下了社会基础。

那么，中国的情况如何呢？一句话，经济改革和社会改革严重不平衡。在很长的时间里，在各级政府官员当中，GDP 主义横行。以 GDP 数据为标准的经济增长被赋予最高的政策重要性。直到今天，中国仍然面临基本经济建设投资过度，而社会投资严重不足的问题。这刚好和西方形成了对比。在欧洲，因为福利国家的存在，政府大量的投资导向社会领域，社会保障、医疗、教育和公共住房，但中国的大量投入都在经济领域，大桥、高速公路、铁路、码头等等。当然，作为一个发展中国家，发展早期，这些投资非常重要。没有对基础设施的投入，经济很难得到发展。问题在于，近年来，这些领域已经过度投资。桥梁拆了造，造了又拆，GDP 是有了，但不仅造成巨大的浪费，对人民的生活水平的提高也毫无益处。

实际上，在很长时间里，在中国的改革者那里，经济领域和社会领域不分，经济政策和社会政策不分。这已经造成了严重的后果。最严重的后果就是通过破坏社会来产生 GDP。医疗、教育、公共住房等领域在很多国家都被视为社会领域，在这些领域的投资即社会性投资，有很多限制，政府是这些领域的投资主体。但在中国，这些领域在不同的时候都被视为经济领域，因此在这些社会领域经济政策泛滥。20 世纪 90 年代中期以后，医疗部门率先引入经济政策，医院成为暴富领域。1997 年亚洲金融危机期间，为了对付危机，有人建议教育产业化。尽管政府从来没有正式提出教育产业化，但实际上中国的教育从此之后走上了激进的产业化道路。2008 年金融危机之后，经济政策导入了另外一个社会性很强的领域，即房地产。改革、发展、稳定，这应当是中国所追求的良性发展道路。但现在的情况是，发展越快，社会越不稳定。为什么？主要原因在于各级政府是通过破坏这些社会领域而追求发展的。在任何国家，如果医院、教育和房地产等具有高度社会性的领域成为暴富的领域，这个社会肯定是不会稳定的。但应当指出的是，这些社会领域不应当引入经济政策，并不是说这些领域完全排斥市场。在很多国家，市场机制也被应用到这些社会领域，主要原因是为了避免这些公共领域的过度官僚化，提高政府提供社会服务的效率。公共部门的市场机制和经济领域的市场机制应当是两个不同的概念，必须区分清楚。

在社会领域过分市场化的同时，经济领域则缺少市场化。经济领域应当充分市场化。效率、生产力应当是经济领域的主题。但在中国并没有发生，尤其在国有企业领域。西方新自由主义来到中国之后，"走错"了地方。在西方，新自由主义主要发生在经济领域。20 世纪 80 年代，美国里根总统和英国撒切尔首相当政期间，他们曾经努力把公共部门（教育、医疗、社会保障等）进行私有化。不过，他们没有成功，因为他们遇到了民主政治的强烈抵抗。而在中国，新自由主义遇到了国有企业的强大抵抗。如前面所讨论过的，到现在为止，国有企业市场化不足。但是，新自由主义顺利进入社会领域，因为中国社会没有任何抵抗能力。

在从计划经济到市场经济转变的过程中，原来计划经济体制下的社会制度自然解体，因为它们已经不适应新环境的需要。这些体制大都是在毛泽东时代建立起来的，符合当时的计划经济模式，在当时起到了很重要的作用。不过，原来的体制很难适应市场经济条件。实际上，市场体制一出现，原先的体制的解体不可避免。也需要说明的是，计划经济下的社会制度所能提供的公共服务非常之少，并且在不同社会群体中，这些服务也不是公平分配的。因此，通过社会改革重建这些体制是唯一的选择。但是，改革者不仅对社会建设强调不够，反而允许甚至鼓励社会领域的高度市场化。这就导致了一系列的社会问题。今天我们所遇到的社会问题和缺失社会制度建设有很大的关联。

所以我们要进行社会制度建设，社会保障、医疗、教育和公共住房等等方面的制度都有待于建设。但一些官员把社会建设仅仅视为"分蛋糕"，以为经济发展是做蛋糕，而社会建设是分蛋糕。这种政策意向很受一些人欢迎，但如果仅仅是分蛋糕，那么就会使得中国的经济发展变得不可持续。做不好，就会重复毛泽东时代的错误政策。实际上，社会改革的目的是为了在继续把蛋糕做大的基础上，更公平地分好蛋糕，也就是说，是为实现可持续的经济增长寻找新的动力。

为什么社会改革可以保障可持续经济发展？这里主要表现为要建立一个内需社会。中国的开放政策造就了中国的外向型经济，即出口导向型经济，出口成为经济增长的主要动力。2008 年全球性金融危机爆发以来，世界经济对中国经济的影响表明，出口导向型经济具有很大的局限性，很容易受到世界经济变动的影响。很多年来，中国一直面临西方的压力，无论是出口还是进口。鉴于中国的规模，中国消费什么，生产什么，都会给世界经济带来很大的影响。这些年，中国主要的出口市场西方开始盛行贸易保护主义。中国尽管不喜欢，但这远远超出了中国的控制范围。从前，总是发达国家提倡贸易自由，发展中国家搞贸易保护主义，现在的情况有了很大的不同。中国尽管还是一个人均 GDP 非常低的国家，但已经成为贸易自由的大力提倡国。由于现行国际贸易体制是西方建立的，尽管中国选择加入和接轨，但对体制的影响力还是非常有限。因此，每当面临来自西方的贸易保护主义，中国就感到力不从心。也就是说，一个高度依赖外贸的经济体，可持续发展是非常成问题的。

中国需要建立一个消费社会，依靠内部的动力来达到可持续发展。但一个消费社会是需要社会制度基础的。西方之所以能够成为消费社会，这不仅取决于其经济发展水平，更重要的是通过社会改革而得以建设起来的社会制度，包括社会保障、医疗卫生和教育等。在中国，消费社会没有能够建立起来，在早期是因为经济发展水平低下，社会的消费水平非常低。但现在主要的原因是缺乏一整套社会制度。中国人不是不会消费、不想消费，而是不能消费。在没有社会政策的条件下，看病需要钱，上学需要钱，民众是完全无助的，完全依靠自身。只有确立了一整套社会政策之后，中国的消费社会才会有希望。

建设消费社会除了可以达到可持续的经济增长的目标外，还可以希望带来其他方面的积极效果。首先，有利于收入分配的相对公平。中国目前的状态是收入差距过大，社会过度分化。这导致了一小部分人的过度消费与大多数人的消费不足。如果要建立消费社会，首先就必须做到收入的相对公平。这就要求政府和社会努力改善收入分配机制。只有当大部分人成为中产阶级的时候，中国才有可能成为消费社会。实际上，因为缺失社会政策和社会制度，中国本来就不是很大的中产阶级正在面临危险。当中产阶级是"房奴"和"孩奴"时，这个中产阶级就没有制度的保障。没有制度的保障，今天的中产阶级很可能就是明天的贫穷阶层了。其次，消费社会的建设因为能够达成基本的社会公平，所以可以消除很多社会不稳定的因素。再次，鼓励经济通过创新，尤其是科学技术的创新而得以可持续发展。现在中国劳动者所得占GDP很小一部分，企业主主要通过压低劳动者收入（还包括便宜的土地）来获利，要建立消费社会，就要提高劳动者的收入。这就会给资方带来压力，造就创新的压力。如果没有任何压力，资方就没有动力来进行创新。此外，消费社会建设也可以减少外国压力和实现中国的真正崛起。一旦中国成为消费社会，出口的压力自然就减少。同时，消费社会表明外在世界对中国的依赖程度，就如当今的中国依赖西方社会一样。消费社会也会有外在的压力，但届时的主动权则在中国，正如当今的主动权在西方一样。

　　社会建设很重要，也不可避免。但是在进行社会建设的过程中，更需要防止把社会政策应用到经济领域。邓小平时代，中国有"防左"和"防右"的说法。邓小平也强调过，"防左"比"防右"更重要，这是很有道理的。经过毛泽东时代的实践，中国的"左派"根深蒂固。"左派"的一个重要特点就是过分强调政府在经济过程中的作用。因为社会改革要求政府扮演一个极其重要的角色甚至是主要角色，一些人就认为政府在经济领域也要如此。上面已经强调过，中国的改革者已经错误地把经济政策应用到社会领域，如果现在把社会政策应用到经济领域，也会同样犯一次错误。

　　实际上，从长远来看，政府最终要尽可能脱离经济活动，而把重点转移到对社会的管理。因为存在着很大一个国有部门，尤其是国有企业，政府在今后很长一段时间里，会继续扮演重要的经济角色。不过，政府改革的最终目标就是要建立一个规制型政府，就是要从对经济活动的直接干预转型到对经济活动进行间接的规制。在政府本身还是直接的经济活动者的时候，规制政府很难确立，因为规制往往演变成"左手规制右手"的局面。如同世界经济史所标明的，政府和经济的分离（哪怕是相对的分离）是规制型政府的制度条件。前面强调过，要把中国的国有部门置于"笼子"之内，为其设定边界。如中国经典经济文献《盐铁论》所强调的，国家的经济垄断主要是在绝少数几个领域，如国防、国家安全、大规模的基础设施和公共工程建设、防止和应付重大的灾难等等。只有等到政府从大部分经济活动中退出来，将经济活动交给社会的时候，政府才可以避免"与民争利"的情况。而这一点，也是和谐社会建设的前提条件。而这又涉及政府的社会建设和社会管理，也就是国家和社会之间的关系问题。下面来讨论这个重要问题。

十一、国家和社会的平衡

我们生存的社会是人类社会，我们所做的一切都是为了社会。因此，无论是政治制度还是经济制度的设计都是为了建设社会，或者说，社会是政治和经济的终极目的。

那么，从国家和社会的关系来说，如何建设一个好社会呢？我上面用（政）府内市场来形容中国的政府和经济之间的关系，实际上在国家和社会的关系上也存在类似的现象，我们可以称之为（政）府内社会，就是说，中国是一个政府主导下的社会，社会空间的大小取决于政府。

最近几年，中国的执政党努力从以往的 GDP 主义挣脱出来，开始强调社会建设的重要性。2011 年 2 月，时任中共中央总书记的胡锦涛在省部级主要领导干部社会管理及其创新研讨班上提出"社会管理""管理创新"等新政策概念。之后，中国各个省市纷纷成立了社会管理创新领导小组来细化和落实新的政策。这是大势所趋。不过，社会管理的内容还有待于充实和发展。从历史的角度来看，社会管理既是以往政策的延续，也反映出要对以往政策作转型的一种要求。在过去的很多年里，随着中国社会不稳定因素的凸现，从中央到地方各级政府都在维稳上投入大量的资源。不过，维稳手段缺少创新，结果不仅成本极高，而且实际效果也不理想。

要创新社会管理，人们就要首先对社会管理的概念有一个理性的认识。历史地看，有效的社会管理取决于国家和社会或者政府和人民之间的平衡。具体说来，我们可以看到，社会管理有两种方式，一种是社会的自我管理，一种是社会的"被"管理。在任何社会，这两种情况都存在。在中国，大家比较不重视的是前一种，即社会的自我管理。中国传统上一直是一个家长式社会。中国历来强调秩序，但这个秩序往往是自上而下施加的。这种传统不仅没有随着社会的发展而变化，反而在得到强化。直到今天，一旦提到社会管理，各级政府官员很自然地把它理解成为自上而下的控制。

社会如果发展出一个自我管理的秩序，那么就要求国家和政府给予社会更多空间。有了空间，才能发展出真正意义上的社会；有了社会，才能发展出社会的自治组织或者自下而上的秩序。很多发达国家就是这种情形。

目前，中国在国家和社会、政府和人民之间形成良性互动循环关系方面还做得很不理想。政府官员经常动用政府力量对社会进行管制。在国家不给社会发展空间的情形下，社会就很难发展出有效的自治能力，更无法产生一个自觉的秩序。社会没有这种能力，只好高度依赖政府对所有社会事务的管理。所以，在社会管理上，中国政府的负担远远大于其他很多国家的政府。政府什么都要管，政府并不是永远有能力来管理社会的。

不管是社会自我管理，还是"被"管理，都涉及一个关键问题，就是国家和社会、政府和人民之间的关系问题。这种关系在学术界被称为 regime，或者政权形态。西方社会所讨论的"regime change"，中文翻译成为"政权更替"。这个译法的意思并不是很确切。西方政府在一些非民主国家利用那里越来越壮大的非政府组织搞政权更替，这使得"公民社会"这个概念在中国变得非常具有政治上的敏感性。一些人简单地认为公民社会的发展不仅不利于社会稳定，反而会对政权构成威胁。

但是"regime change"比"政权变更"具有更丰富的含义。如果"regime change"仅仅是"改朝换代"，那当然比较敏感。实际上的情况并不是这样的。这个概念更多指的是政权形态的变化，也就是要改变国家与社会、政府与人民的关系。这种变化不是革命，而是改革，就是对现存的国家与社会、政府与人民之间的关系进行变革，使其走上一个良性的互动关系，因此对政权和社会都有好处。

很多人把国家和社会、政府和人民对立起来。在对立的意义上，就会产生两个极端，要不只有政府，没有社会，要不只有社会，没有政府。两者似乎都是零和游戏。在改革开放前，中国就是一个只有政府、没有社会的典型案例。当时人们在理论上视国家和社会关系为一种零和游戏，在实践上，基本上就不存在任何社会，所有社会个人都被"原子化"，通过各种人身限制，依附于国家和政府。

另一个极端是只有社会，没有政府。这个极端的典型，最糟糕的情况就是无政府状态，而最好的情况就是社会的完全自治或者自发的组织。不过，从历史上看，完全自治的社会无论中外都没有出现过。凡是有人的地方就有政府，不管政府是以什么样的形式出现的。

在学术界，几十年来，人们对国家和社会、政府和人民之间的关系一直有很多争论。二是两者之间的关系基本上可以归纳为四种情形：一是强政府、弱社会；二是强社会、弱政府；三是弱政府、弱社会；四是强政府、强社会。很显然，最差的情况是弱政府和弱社会，而第四种情形即"强政府、强社会"是最理想的。

中国属于哪一种？很多人肯定会说是"强政府、弱社会"。但实际上，要回答这个问题并不容易。

一方面，无论在理论还是实践上，中国都体现出典型的强政府现象。中国政府很强大，具有强大的社会动员能力来达成其政策议程，似乎都能"从容"应付来自社会的各方面挑战。但从另一方面看，中国不仅社会很弱，政府也很弱。政府什么都要管，但越来越多的政府政策，从理论上看都非常好，但就是很难推行下去，往往停留在字面上。

政策推行难，和社会弱有关系。社会对政府很难施加影响力。中央政府只有依赖官僚机构来推行政策。但没有社会对官僚机构的压力，官僚机构就没有动力来实施政策。而弱社会本身更是没有力量来实施政府政策。中国政府的强大动员能力来自政治方面的动员。不过，政治方面的动员一旦使用过度，就会产生很多负面效应，其中最大的负面效应就是使得本来已经很弱的制度变得更加弱了。例如法制，法制是任何一个国家制度能力的保障。中国各种形式的政治动员经常是超越，甚至是破坏法制的。在很多地方，一些领导人尽管也强调法制，但往往更热衷于通过政治动员来做政策执行，这使得中国社会法治化目标的实现进行得很艰难。无论是政策的制定还是执行，社会都难以施加影响，同时社会本身又因为没有足够的空间来发展自我管理的能力，这样就产生了政府和社会都被弱化的情况。

显然，在社会管理方面，人们应当争取的是第四种情况，就是强政府和强社会。国家和社会、政府和人民不是一场零和游戏，可以是双赢游戏。中国需要的是一个具有自我组织化能力的社会。没有社会，政权就没有基础。如果社会是脆弱的，政府必然是脆弱的。

那么，如何实现"强政府、强社会"的目标？经验地看，这样一个社会必须是这样三种秩序的共存：

第一个也是最重要层面的社会秩序是社会的自我管理。社会如果没有自我管理的能力，那么什么都必须依赖政府。政府什么都管的话，必然超出政府的能力，管理也必然无效。要社会形成自我管理，必须赋予社会足够的空间。这就要求，政府必须放权给社会。政府不仅必须把那些社会可以自我管理的领域开放给社会本身，也应当把那些自己管理不好的领域让渡给社会。就是说，分权的方向和内容都要发生变化。在过去，一提到分权，人们总是强调不同层级政府间的分权，主要是上级政府向下级政府的分权。在毛泽东时代是这样，改革开放以来也是这样。现在，要明确提出向社会分权，就是政府向社会分权，无论是还权于民还是赋权于民。但是，应当强调的是，社会的自我管理并不是社会的放任自由，政府要对涉及公共利益的社会领域进行规制。这和政府要对经济活动进行规制是一个道理。

第二个层面是政府和社会的伙伴关系。在一些政府必须参与管理的领域，也不见得政府要亲自管理，而是可以委托给社会组织来进行管理。就是说，政府和社会可以是伙伴关系。委托给社会管理可以减少管理的成本，使得管理更加可以持续。

第三个层面才是政府管理的社会秩序。尽管近现代国家最大的特征就是垄断暴力，使用暴力机器来维持社会秩序，但从大多数先进国家的经验看，政府在社会管理方面的作用主要体现在制度建设上，包括法制、社会制度（社会保障、医疗、教育、住房）等。使用暴力是维持社会秩序的最后一种也是不得不采取的方式，政府应当把重点放在制度建设上。制度就是社会个体和群体活动的舞台。

在中国，政府显然把重点放在第三个层面。就第一个层面而言，尽管社会自治也具有意识形态的合法性，例如表现在村民自治的概念中，但在政策层面，自治的范围非常狭小。因为不能充分放权社会，社会发展缺少空间。在农村基层，尽管村民选举制度已经实行了那么多年，但基层农村的党的机构和民选的村委会之间的关系还没有处理好。尽管我们有了自治的概念，但没有自治的内容。在一些地方，官员把自治理解成为放任自流，缺失规制，导致黑社会性质犯罪团伙盛行和无政府状态的出现。如何实现农村的真正自治仍然是一个艰巨的任务。在第二个层面，政府和社会的伙伴关系不是中国的传统。在中国的传统中，社会历来就是政府的附属品，被管理的对象。政府和社会平等的观念的出现需要时日。

不过，政府所强调的第三个层面的问题似乎更为严峻。一方面是维稳过程经常过分依赖使用暴力机器，另一方面甚至出现了国家暴力"私有化"的现象，最明显的就是这些年曝光的"黑监狱"事件。而暴力的"私有化"更助长了维稳的暴力性。

很显然，前两个层面社会秩序的缺失和暴力机器的凸现使得国家和社会、政府和人民之间关系的对立化。而这种对立才是社会不稳定的真正根源。

但是，中国并不是一定要走上这样一条道路的，其他更有效、更符合人性的途径也是存在着的。实际上，改革开放以后，中国在社会管理方面积累了很多很好的经验。在 20 世纪 90 年代，执政党通过把社会力量容纳进政权的政治过程来管理社会，这主要表现在允许民营企业家入党、参政。改革开放之后，中国的改革最成功的地方就是允许在国有部门之外发展出一个非国有部门来，民营经济很快在很多指标上超越了国有部门。但是这里就出现了一个问题：民营企业家怎么办？这是个很大的新兴社会群体，在社会上扮演着很重要的角色。对这个新兴群体，尽管当时社会有很大的争议，但执政党还是为这个群体开放政治过程。无疑，允许民营企业家入党是共产党最具有创意的决策。在整个国际共产主义运动历史上，共产主义的目标就是要消灭资本主义，消灭资本家。允许民营企业家入党，是中国共产党的创举，也使得中国共产党和其他共产主义政党区分开来。这种实事求是的做法使得执政党本身可以生生不息。

同时，这些年来，政府也在努力进行社会制度建设，意在保护社会。在行政管理体制上，从中央到地方都在进行"大部制"的改革。这一改革不仅仅是为了建设规制型政府，提高政府的效率，更是为了建设"小政府、大社会"。在中国的（政）府内社会结构中，只有政府小了，社会才会长大。"大部制"就是为"小政府"，从而是为"大社会"创造制度前提。经过政府功能的整合，政府变小了。政府要小，那么政府必须把很多功能转让给社会。就是说，政府变小的结果必然是社会变大。

国家和社会的关系往哪个方向发展？这个问题应当很清楚。如果是在加快社会改革的基础上，放权社会，在 20 世纪 90 年代的基础上继续把新兴社会力量吸纳到政治过程中，就会促使社会管理走上一条可持续的道路，促成政府和人民之间的良性互动，最终造成"强政府、强社会"的局面。

（本文的部分内容为提交给由国务院发展研究中心主办的中国发展高层论坛 2012 "中国和世界：宏观经济与结构调整"的论文，2012 年 3 月 18—19 日。又载郑永年著《危机或重生：全球化时代的中国命运》，浙江人民出版社 2013 年版）

中国崛起与亚洲秩序

引言

2013 年 6 月，国家主席习近平和美国总统奥巴马在美国加州安纳伯格庄园进行非正式会谈，双方就各自所关注的问题进行了坦诚的交流，所涉及的问题范围非常广泛，很多问题不仅仅是双边关系，而且也涉及重大区域秩序（主要是亚太地区）和整个国际秩序问题。在今天的国际关系中，中美关系远远超出了这两大国之间的双边关系，而影响到国际关系的各个方面。可以说，中美这对双边关系是整个国际关系的结构，这个结构决定了整个国际体系状况。这也就是习近平和奥巴马会谈全球瞩目的原因。

更早一些时候，中国领导层提出了建设"新型大国关系"的概念。这是继 20 世纪八九十年代的"韬光养晦"政策、21 世纪初以来的"和平崛起"或者"和平发展"政策之后的又一重要理论概念。不管这些政策概念的提法有怎样的不同，其核心是一致的，那就是中国立志于做一个新型的大国，走出从前"大国争霸"逻辑，不仅实现自身的和平崛起，而且在自身崛起过程中，维持世界和平。不过，在政策概念和政策现实之间具有一个很大的鸿沟，中国能否建设"新型大国关系"不仅取决于中国自身，而且也取决于其他大国。就是说，"新型大国关系"要在大国互动过程中建立起来。

在中国所有的大国关系中，中美关系很显然是重中之重，是核心。近年来，美国对中国的崛起表示出越来越甚的担忧。这种担忧来自于中美两国所呈现出来的高度互相依赖关系。正是因为这种高度依赖关系，中国的内部发展和外部政策都会对美国甚至整个世界产生巨大的影响。当然，这对中国来说亦然，美国的内部发展和外部关系都会对中国产生巨大的影响。对美国来说，对中国内部发展的担心在于中国这条大船往何处开，对中国外部关系的担忧在于中国的崛起是否会对美国利益甚至美国（和西方）所确立起来的国际秩序构成挑战。

因此，中美双方都具有巨大的动力来探索一种"新型大国关系"。尽管很难说美国已经相信和接受中国方面提出的"新型大国关系"，但很显然美国对此深感兴趣，相信这是一种有益的尝试。中美两国的这种认知上的接近直接促成了习近平和奥巴马的历史性的（非正式）会谈。

对中国来说，在和其他大国建设"新型大国关系"的道路上还有很长的路要走。历史地看，要走出西方学者称之为"大国政治悲剧"的国际关系逻辑并不容易。但是，不管道路如何艰难，这是一种必需的尝试。大国关系关乎战争与和平，关乎无数的生命与财产，没有比这样的尝试更具有意义的事情了。中国要做一个新型的大国，所需要的不仅仅是力量，更是信心。而力量和信心则来自于对事物本质的深刻认识。对事物的不确定性或者恐惧往往来自于对事物缺乏认识或者无知。容易理解，中国如果要做一个新型的大国并和其他大国建设"新型大国关系"，就必须对一些重大的国际关系问题有深刻的理论与经验认识。只有对国际关系的现实具备了足够的知识，才能克服恐惧，树立信心。

从一个更为宏观的层次看，建立"新型大国关系"是中国崛起过程中的重要一环。很明确的一点就是，中国和其他大国建立"新型大国关系"不仅仅是中国和这些国家的双边关系，而且是涉及中国和其他所有国家的双边关系甚至多边关系。这对其他大国亦然。本文围绕着"新型大国关系"这一基点，讨论中国在崛起过程中所必须面对的十三个国际关系问题。我们认为，对这些重大问题的思考有助于我们从理论上认识国际关系的过去、现状和未来以及中国在这个过程中所能扮演的角色、所能追求的利益、可能面临的风险等等问题。这十三个大问题包括：

第一，大国和世界秩序之间存在着一种怎样的关系？主要回答为什么这个世界需要一个秩序以及大国在确立国际秩序过程中的作用。

第二，中国在世界秩序确立和建设过程中要扮演哪种角色？主要想说明，作为世界第二大经济体的中国，在这个体系内所获取的利益远较其他国家多，但同时中国也必须承担更大的责任。不过，中国也会遇到强大的反对力量和挑战者。

第三，中美两国如何共建国际秩序？改革开放以来，中国秉承和平发展的原则而崛起。其中，向世界开放、与世界接轨成为中国和平崛起的核心手段。但发展到现在这个阶段，中国向世界调适的空间已经有限，而世界也没有显现出向中国调整的意愿。因此，在今后很长的一段历史时期里，中国和其他国家会进入一个相持状态。中国如何继续崛起便成为中国的主要问题。要继续崛起，中国必须承担区域和国际责任，在此基础上构建大国关系，尤其是和美国的"G2"关系。但对"G2"必须作出既有利于中国本身，也有利于他国的制度安排。

第四，中国是否要像从前和现在的大国一样，在崛起过程中实行联盟政策？这不是一个简单的问题，需要对联盟的优势与劣势进行理性分析。中国完全可以走出一条和其他大国不同的道路，即在不实行联盟政策的情况下，实现国家利益的最大化，同时又不对其他国家构成威胁。

第五，如何处理海洋地缘政治，崛起成为海洋国家？随着全球化和中国与世界经济体的日渐一体化，中国的海洋地缘政治的重要性显现出来。中国传统上一直是一个陆地国家，尽管有很长的海岸线，但海洋地缘政治从来就不是政府要考虑的事情。原因也不难理解，那就是中国从来就没有计划要成为一个海洋国家。只有一个国家要成为海洋国家的时候，海洋地缘政治才会变得重要起来。而中国要成为海洋国家，只是近来的事情。尽管中国不可避免也必须成为海洋国家，但从海洋国家的历史看，这会是一个艰苦的过程。

第六，如何处理海洋地缘政治与陆地地缘政治、周边国家关系？海洋地缘政治不可避免，但这并不在任何意义上说，中国的陆地地缘政治不重要了；相反同样的全球化和世界经济一体化更显陆地地缘政治的重要性，陆地地缘政治不仅关乎国家内部的稳定，也关乎国家的统一。中国所需要的是达到海洋地缘政治和陆地地缘政治的平衡。可以毫不夸张地说，今天中国严峻的国际形势尽管和大国关系尤其是中美关系有关，但大都是因为中国周边国家引起。或者说，一方面是中国和周边国家的关系，另一方面是中美关系，这两层关系互相关联，互相影响。如何理清楚中国和周边国家的关系是中国必须思考的问题。如同任何国家，要和周边国家处理好关系，首要的是要对中国特殊的地缘政治因素有清醒的认识。要根据这种特殊的地缘政治来确立和周边国家的关系。

第七，会有一个制度上整合的东北亚吗？东北亚包括中国、日本和朝鲜、韩国。东北亚到现在为止仍然是一个地理概念，而非像北美或者欧洲那样的制度概念。很多年里，中、日、韩三国都想努力建设东北亚区域主义的一个制度构架，尤其在经济贸易方面。中国的经济总量已经超过日本，在东北亚扮演着一个越来越重要的作用。那么，中国这样做值得吗？或者说这样做会成功吗？现在中国要建设或者参与建设东北亚的制度化。尽管中国强调的是经济贸易方法，但成功的可能性并不大。作为大国，中国要重新探索一种可行的整合或者分离机制，保障国家安全和区域和平。

第八，如何处理和东盟的关系？历史地看，东盟是中国的后院，对中国一直很重要。在处理和东盟的关系上，中国面临着一个困境。一方面，中国要防止出现一个统一的、反对中国的东盟。另一方面，中国要防止其他大国分化东盟，一旦东盟分化，也不符合中国的国家利益，因为诸多东盟国家就会转向和他国站在一起而对中国构成威胁。那么，中国如何维持和东盟的这种微妙关系呢？

第九，如何守住南海"生命线"？中国南海不仅仅是中国的核心利益，更是中国的"生命线"。南海形势恶化和当今世界地缘政治焦点转向亚太地区紧密相关。更直接地说，南海问题是美国"重返亚洲"的结果。南海问题是历史问题，美国当然没有制造南海问题，但南海问题浮上台面和美国有关。这里要回答一个问题，即为什么美国的地缘政治转向亚太地区？从"美国在亚洲的存在"这个基本事实出发，无论是和美国的关系还是在中国南海问题上，中国仍然有很大的外交空间。这些空间的拓展无疑可以增加应付自己所面对的挑战的可能性，有可能避免和外在世界的对抗，而增进国家利益。但拓展这些空间的前提就是要解放思想，改变传统思维方式。

第十，中国和印度要确立一种什么样的关系？东边的日本已经对中国的海洋地缘政治构成了有效制约，那么西边的印度又如何呢？无论从哪个角度来看，和印度的关系越来越具有特殊的重要性。印度是中国的邻居。和中国一样，印度也正在急速现代化，经济发展快速，并且针对中国的民族主义情绪也一直高涨。也同样重要的是，为了制约或者平衡中国，其他大国包括美国和日本也一直试图和印度结盟。那么，中国应当和印度确立一种怎样的关系呢？在亚洲区域甚至全球范围内看，对中国来说，中印关系是仅次于中美关系的一对重要关系，要把和印度的关系提高到中国国际关系的战略高度。和印度关系搞好了，中国西边陆地地缘政治甚至海洋地缘政治都会得到稳定。在最低程度上，中国必须千方百计不把印度推向美国和日本。

对印度，中国的认识仍然很不充分。和中国一样，印度也是一个文明古国，倾向于独立的外交政策，很难成为另外一个大国的附属。没有一个正确的认识，中国很难确立有效的中印关系。

第十一，中国如何实现军事崛起？军事现代化是中国国家的现代化的最重要的衡量标准。一个国家如果只有军事崛起，而没有其他方面的崛起，那么军事崛起便是不可持续的。但如果没有军事崛起，而只有经济社会等其他方面的崛起，那么也很难说是一个强国。自近代以来，军事力量是一个国家现代化的标志。今天，中国军事崛起的议题变得越来越现实。随着中国经济的继续发展，国家对军事现代化的投入也越来越大，中国各方面的技术发展也达到了一个转折点或者突破口，同时中国经济"走出去"必然导致战略的"走出去"。任何一个国家，随着其经济力量走向世界，其军事力量也会跟着"走出去"。正因为如此，国际社会也给予了中国军事现代化越来越多的关切。在这样的情况下，如果其他国家视中国的军事崛起为威胁，那么也必然会在军事上和中国竞争，最终有可能导致中国和其他国家间的军事竞赛。而这是中国必须避免的。如何避免？中国的军事崛起要考量到区域化和全球化这两个要素，把军事崛起置于中国大国责任的构架内，并在这个构架内一方面制定与之相适应的一系列包括军事透明化在内的军事政策，另一方面寻求不针对他国而针对国际秩序建设的国际合作。

第十二，崛起过程中如何建设软力量？任何国家都一样，国家的崛起首先是硬力量的崛起。所有硬力量的基础都是经济，没有经济上的崛起，就没有包括军事、外交在内的各方面的崛起。或者说，没有经济的崛起，其他方面的崛起不足以使得一个国家产生国际影响力。大国首先是经济大国，然后是军事大国和政治大国。但是，硬力量必须软化，否则就会被其他国家视为威胁。中国各方面的硬力量崛起不可避免，那么如何建设软力量便是中国所面临的国际挑战。自近代以来，从经验上看，软力量的崛起有两大挑战，一是如何克服内部民族主义，二是如何建设其他国家所能接受的文化和价值体系。民族主义的崛起是一个国家崛起过程中的必然现象，同时民族主义也有利于国家内部不同要素的整合。但民族主义必然对一个国家的外部关系产生很大的影响。从现象上看，民族主义往往是和种族优越、文化沙文主义等联系在一起的。因此，民族主义也是任何一个国家现代化过程中必须超越的一环。令人担忧的是，中国的民族主义往往包含了近代以来的受害者情结和崛起之后的复仇情结。另一方面，中国现在还没有发展出能够让其他国家欣赏和接受的文化价值。简单地说，中国缺失软力量。要发展软力量，中国迫切需要建设中国本身的知识体系。在国际关系层面，这个知识体系必须是理性民族主义和他国所能接受的文化价值的结合。

第十三，如何实现可持续的外交？一个国家的外交是否能够成功和可持续，一取决于国家的硬力量，二取决于国家的国际关系战略。如果这两个条件缺失，那么外交很难成功。但即使有了前两个条件，也不见得能够保证外交的成功。因此，可以把一个国家的国际关系和外交看成是既相关又相对独立的两个部分。传统上，中国并不存在现代意义上的外交。传统中国处理外部关系的主要是朝贡体系建设。这种关系在王朝兴旺的时候比较有效，但一旦王朝衰落，朝贡体系也跟着衰落。近代以来的历史更是说明了"弱国无外交"的道理。那么，今天的中国有和中国国力相适应的外交吗？"大国小外交"是当代中国的现实。中国要实现"大国大外交"需要几个条件，包括经济、军事崛起，外交的协调以及内部一个大外交权力结构的建设。要改变改革开放以来单纯的"外交为经济服务"的局面，把经济力量使用到外交领域。军事也必须为外交服务，没有军事，就不会有有效的外交，但军事力量不能自动转化成为外交力量，军事力量必须置于大外交的构架内。而是否能够实现这样的协调，就取决于是否存在一个大外交的权力结构。

一、大国与世界秩序的关系如何理解？

在讨论"新型大国关系"之前，有几个重要的问题需要讨论，包括：有没有世界秩序？需要不需要世界有秩序？世界秩序是如何产生的？大国和世界秩序是一种什么样的关系？这里主要说明大国关系并非只是任何两大国或者几个大国之间的双边关系或者多边关系。一句话，大国关系是关于世界秩序的大问题。

有没有世界秩序？在西方国际关系文献中，主流观点是一致的，那就是，国际关系的本质是无政府状态。西方国际关系的两大学派现实主义和自由主义，两者的起点都是国际关系的无政府状态。也应当说，这两种流派也已经成为西方政治人物和决策者所经常遵循的意识形态，它们对西方的外交政策一直产生着深刻的影响。

在国际关系中，世界的无序状态一直被视为是常态。正因为是无政府状态，战争也被视为是正常的、不可避免的，而和平则是偶然的，不是必然的。国际关系的无政府状态尤其在世界进入主权国家时代之后更是达到了顶峰。自从主权国家的概念从近代欧洲产生以后，这个概念一直从欧洲传播到了世界的各个角落。到现在，没有一个国家，或大或小，或强或弱，不自称为主权国家。在主权国家时代，主权国家就是国际社会的单元，没有一个政府可以自称为高于主权国家。至少从理论上来说，国际社会不存在一个高于主权国家之上的政府，或者世界政府。从这个角度来看，世界的无政府状态的确就是常态，世界从来就不存在一个像主权国家内部秩序那样的世界秩序。

对主权国家来说，没有一个高于主权国家政府之上的政府意味着什么？很简单，这意味着，没有其他组织会考量你的利益，你必须尽你所能来追求自己的利益；也没有任何组织在你的利益甚至安全面临危险的时候会来保护你，你必须自保。因此，对主权国家来说，最高的利益是国家的安全，国家生存和发展的安全。

人们更是用国际关系的"无政府状态"来解释历史上的战争，包括一战和二战。当然，即使是一个国家内部，无论是近代以来的主权国家还是主权国家之前的各种传统国家，内部冲突甚至内战也经常发生。但不管是怎样的冲突，终极原因就是各个个体（人、组织、国家）之间不同利益之间的冲突。这个世界的资源是有限的，每个自私的个体在把自己利益最大化的过程中倾向于把他者的利益最小化，冲突就自然发生。

不过，对"世界的无政府状态"的假设是可以加以质疑的。经验地看，没有世界政府不是等于没有世界秩序了。恰恰相反，正是因为世界的无政府状态，每一个体都会面临无政府状态的威胁，因此构建秩序也是人类本质的一部分。正如只要有人的地方总会出现一个秩序那样，人类社会实际上也是有秩序的。历史地看，人类社会已经经历了几种形式的国际秩序。

首先是帝国形式。在帝国产生之前，人类社会由各个分散的和互相不发生关联的地方政权组成。帝国是第一种世界秩序，它把各个地方连接成一体，形成一个共同体。在不同的历史阶段，人类社会经历过不同的帝国形式。但所有帝国都有一个共同的特征，那就是统而不治，只是维持着一个简单的秩序。在很多情况下，这个秩序非常脆弱，帝国之内的各个地方共同体仍然具有很高的自主权，基本处于自治状态，并且随时可以脱离帝国的管辖。帝国之内能否维持整合完全取决于帝国政府本身力量的兴衰。帝国为地方共同体之间的互动创造了有利的条件，经济和贸易、文化交流、人口的流动都发生在帝国之内。同时，不同的帝国之间也发生着经济、贸易、文化等交流。从这个视角看，人们往往把帝国视为第一波全球化。

　　帝国之后，欧洲经过漫长的中世纪时代，进入近代主权国家时代。主权国家产生之后，主权国家间的战争成为常态。为了减少甚至避免战争，人们也设想着各种高于主权国家之上的国家组织，来规制和约束主权国家的行为，从国际联盟到联合国体制就是这方面典型的努力。但是，必须把国际组织和世界秩序区分开来。尽管国际组织的目标是为了创造或者维持一个世界秩序，但其本身不是世界秩序。国际组织就是由各个国家参与的（不管是自愿的还是非自愿的）主权国家之上的组织。从历史上看，没有大国和强国在背后的创始、支持或者操纵，国际组织就不会有重大的意义。国际组织对于世界秩序的积极面在于其创造了各个国家尤其是大国互动的平台，这个平台类似于一个人为创造的人类共同体，参与国似乎获得了一种成员资格，一种认同感。正如每一个个人，每一个主权国家除了追求物质利益，也追求非物质利益，尤其是声望。即使在这个国际平台上，主权国家并不能得到多少物质利益，但恰当的行为则可以为这个国家带来声望，也就是其他国家对这个国家的认同。对国家声望的考量在一定的条件下，也可以调节甚至制约主权国家的国际行为。国际组织因此有助于世界秩序的产生。

　　世界存在过秩序，也仍然需要一个秩序。但今天的现实是，我们所面临的这个世界几乎处于无序状态的边缘。人们所要回答的问题不是是否需要一个秩序，而是需要一个什么样的秩序和如何建设这样一个秩序。

　　很多迹象表明，这个世界正在再次进入一个混沌的无秩序状态。可以从如下三个层面来理解世界进入无序状态的问题。

　　第一个层面是全球治理制度。现存的全球治理制度包括联合国、世界银行、国际货币基金组织等等，已经没有能力协调主权国家之间的利益、防止它们之间的冲突。这些组织建立之初就是为了建设国际秩序，在相当长的一段时间里，它们也的确起到了很重要的作用，成为国际秩序的象征。所有主权国家都想加入这些组织，并受惠于这些国际组织。但今天的实际情况是，这些组织在协调国家间行为、减少国家间冲突、阻止国家间冲突等方面很难有作为。例如，联合国几乎已经成了国际冲突和战争的"善后机构"，它没有能力阻止国家间的冲突与战争，而只有到了冲突和战争爆发之后，才出来进行一些所谓的人道主义的干预或者救助。国际货币基金组织也是如此，它从来就没有能力来预测和阻止国际经济和金融危机，只是在危机发生之后，力图应付已经发生了的危机。无论是联合国还是国际货币基金组织，大部分时间都被花费在高度意识形态化的争论，而实际行为少而又少。

第二个层面指的是主权国家层面。那些为国际关系提供结构要素的国家，要不没有能力单独来提供国际秩序，要不没有能力和其他国家合作和协调来提供秩序。在这个层面，主要是大国关系。在帝国时代，是单一大国构造了国际秩序。但进入主权时代之后，往往是几个大国合作来构造国际秩序。可以说，大国就是国际秩序的构架。大国是国际秩序的供给者，没有大国在背后，就不会有国际秩序。大国合作好了，国际秩序就没有问题；大国不能合作，国际秩序就成为问题。最典型的就是冷战期间的美国和苏联。在美苏冷战期间，国际秩序可以从两个层面来理解。首先是国际层面，尽管美苏两大国都是联合国的成员，但两国之间并不存在一个共同的国际秩序。如果说存在一个秩序，那么就是一个通过互相威慑而达到的恐怖平衡。美苏两国都是核武大国，它们之间相互的核武威慑构成了脆弱的国际秩序。其次，在区域层面则是存在着区域国际秩序的。冷战期间，世界一分为二，美苏各自负责自己阵营内部的秩序。这种内部秩序是如何维持的则是另外一个问题。实际上，因为美苏是两个超级大国，其他较小国家没有什么选择，要不选择加入美国阵营，要不就是苏联阵营。很少有国家能够做到中立。也即是说，无论是国际秩序还是区域国际秩序，背后都是大国。

冷战之后，国际秩序形式发生了变化。因为苏联及其所主导的东欧集团的解体，国际秩序合二为一，美国成为了唯一的霸权国家。直到今天，还没有出现像当初的苏联那样，能够挑战美国霸权的另外一个大国。但问题在于，作为唯一霸权国家的美国已经没有能力来提供国际秩序。这可从如下几方面来理解。第一，冷战的解体，表面上看促成了美国的"一霸天下"，但实际上大大增加了美国维持国际秩序的成本。从前苏联还维持了半个世界秩序，但现在都需要美国来维持。第二，因为来自苏联的威胁的解除，从前因为恐惧苏联而求助于美国的那些国家不再像从前那样听从美国，这使得美国很难像从前那样从这些国家获得支持，来承担维持秩序的成本。第三，美国"一霸天下"的局面也使得其没有了外在的制约，从而开始犯巨大的战略错误。最显著的就是小布什总统期间开始走单边主义路线。单边主义一方面证明了美国强大的能力，但同时也加重了美国的负担，促使美国更快地衰落。第四，美国不想和其他国家分享权力。尽管小布什政府之后，美国在调整政策，更多地诉诸多边主义路线，但美国的多边主义还是集中于和其结成同盟的国家。对美国同盟之外的国家，美国还是不情愿共享国际权力。但问题在于，美国和其同盟国家即使齐心合力，也很难造就和维持国际秩序了。

第三个层面指的是主权国家内部的政策负面地影响着国际秩序的建设和维持。外交是内政的延续。这表明内政的变化必然影响到大国的外交关系，从而影响到这个国家和国际秩序的关系。这从西方的扩张中可以看到。现在的国际秩序，究其根源可以追溯到源于地中海的西方基督教文化圈，这是一种具有高度使命感和扩张性的文化。西方早期的扩张主要是文化的扩张。资本主义在近代西方产生之后，西方的扩张具有更强大的动力。资本在很长时间里一直是全球化的推动力。这一点在马克思的著作里已经有所分析。近代主权国家从西方扩展到世界的各个角落更是如此。可以说，西方文化、资本和国家力量三位一体的扩张造就了人们所看到的世界秩序。

　　同样，自20世纪80年代开始的最近一波全球化也离不开西方资本和政治的推动。但所不同的是，包括中国在内的发展中国家不再像从前那样被动应付全球化，而是主动加入到全球化的过程，并在这个过程中获取巨大利益。在很短的历史里，这些发展中国家（尤其是现在被称为"金砖国家"的国家）在全球经济体内部占据着越来越重要的作用。发展中国家的崛起正在导致着国际秩序的变化。一个明显的事实是，尽管现存国际秩序为西方所确立，但西方已经很难主导这个体系。正因为这样，西方国家，尤其是作为霸权的美国，对国际秩序的态度有了很大的变化。在西方国家内部，不利于国际秩序的力量在崛起，有效制约着西方在国际秩序中的作用。例如，最近这些年，贸易保护主义遽然在西方崛起。从前都是发达的西方大力提倡自由贸易，它们施加各种压力甚至不惜动用武力来打开发展中国家的大门。但是现在的情况变得非常复杂。发展中国家尤其是中国，已经成为贸易自由的提倡国，而发达国家则开始实行其贸易保护主义。美国和联合国的关系也很典型。美国在联合国成立和发展过程中起到了一个关键的作用，联合国在很长历史时间里，也是美国和西方的工具而已。但现在尽管美国仍然是联合国的一个关键国家，但美国也很难单独主导联合国体系了。因此，美国对联合国也不那么关心了。在一些领域，当联合国的议程和美国的国家利益相冲突的时候，美国干脆就不参加这些项目了。这种情形也发生在其他所有国际组织，包括世界银行和国际货币基金组织等。

　　所有这些现象表明，现存国际秩序出现了大问题。如何重建国际秩序？这是国际社会所面临的挑战。正如前面所讨论的，在以往，大国在重建国际秩序过程中是关键。这个事实到今天也没有改变。尽管国际关系的话语和实践已经有了相当程度的民主化，但这并不表明在国际新秩序建设过程中，所有国家有能力扮演同样的作用。大国还是关键，没有大国的合作就不会有国际秩序。不过，大国在建设国际秩序过程中，如果不能考虑到较小国家的利益，那么这个国际秩序也很难持续。考虑到中国现在是最大的发展中国家，中国必然要在未来国际秩序的改革和建设过程中扮演关键角色，我们转向讨论中国和国际秩序之间的关系问题。

二、中国与世界秩序的关系如何？

世界需要一个秩序。不管人们主观上是否需要这样一个秩序，这个秩序必然会出现，因为各个体之间基于利益之上的互动会导向这个秩序的出现。在实际层面，不同形式的秩序一直也是存在着的。这个基本判断是讨论中国和世界秩序的前提。对中国来说，问题不在于中国要不要一个国际秩序，而是需要一个什么样的国际秩序？再者，"需要一个什么样的国际秩序？"对中国来说也并非仅仅是一个规范问题。不管中国如何强大，建设一个什么样的国际秩序都不是以中国本身的意志为转移的。更精确地说，中国需要回答的问题是：一个什么样的国际秩序是可能的？简单地说，中国能够确立或者参与确立什么样的国际秩序，决定于中国所处的国际环境。

历史上，中国曾经确立了以自己为中心的"国际"秩序。但传统上的"国际秩序"并非近现代意义上的国际秩序，因为中国历朝历代所建立的秩序只不过是中国内部政治秩序向外的一个延伸而已。尽管人们也称传统中国为"帝国"，但中华帝国和世界上存在过的其他帝国有本质上的不同。在其他帝国之内，属于帝国的各个政治实体相对比较独立，比较自治，只是让渡了一部分权力给帝国政府。但中华帝国实际上已经接近近代国家形式，其内部的各个部分通过中国特有的制度机制与政治权力中心整合。这就是为什么当其他帝国解体的时候，帝国内的各个个体都成为独立实体，而唯独中华帝国没有。直到今天，中国仍然继承了清朝的版图，而清朝是一个典型的传统帝国。中华帝国在历史上，曾经有几度被外来民族所统治。在外来民族统治中国期间，中华帝国本身成为外来民族所确立的帝国的一部分。外来力量所确立的帝国，其规模往往远较中华帝国大得多。但非常有意思的是，这些外来民族最终都接受了中华文化，用中华的统治方式来统治整个帝国。结果，外来力量所建立的帝国往往成为中华帝国的版图。历史地看，中华帝国本身的扩张空间非常有限，现在中国版图的很大部分是外来力量扩张的结果。

在西方力量到达中国之前，中华帝国一直是这个区域最强大的。在这样的情况下，中华帝国本身有能力独自确立一个"国际"秩序，那就是朝贡体系。数千年里，朝贡体系一直是中华帝国处理其和周边国家关系的制度。这主要是一种经济贸易制度。不过，这样一种贸易制度安排所体现的则是中华帝国的文化，即中华文明的优越性。中华帝国臣民对这种文化优越性深信不疑，不仅仅是因为中国周边的国家（朝鲜、日本、越南等等）都接受了这种文化，而且也是因为所有外来力量（异质文化）最终被中华文化所同化。因此，即使在进入19世纪之后，中国被西方力量打败，不得不和西方列强签订不平等条约的时候，清朝政府官员仍然对这种文化的优越性毫不怀疑。只有等到中国被自己的邻居日本打败之后，中国人才失去了对这种文化优越性的信心。日本曾经是中国的学生，大量引入中国文化，但在西方力量来临之后，日本转向学习西方，成功地实现了现代化。日本不仅打败了西方国家（俄国），而且也打败了从前的老师——中国。

被西方列强和日本打败之后，中国开始学习西方，在西方主导的国际秩序下生存，这是一个艰苦的过程。应当指出的是，近代以来，中国已经和世界秩序无缘。中国所能做的是竭尽全力去了解这个世界秩序，并在这个世界秩序内生存下来。最典型的是李鸿章在中国国内所进行的"大外交"。中国并没有走向世界体系，而是世界体系走向了中国。这个事实表明，中国很难再有能力"走出去"，在国际体系内从事外交，而只能在已经走向中国的各帝国主义国家之间进行"外交"。中国在很大程度上成为帝国主义的盘中餐，清朝和帝国主义国家签订了大量的不平等条约，割让了大量的土地。不过，客观地说，李鸿章在各侵华帝国主义国家中间所进行的"大外交"则避免了中华帝国的解体，也避免了如印度那样沦落为帝国主义的殖民地。近代以来，中国是少数几个相对完整地保持了原来帝国版图的国家。

1949 年毛泽东领导的中国革命取得胜利，成立了中华人民共和国。一个统一国家的成立终止了中国被帝国主义继续瓜分的过程，但生存外交仍然继续。在苏联和美国所建立起来的两大次国际秩序中间，中国选择了苏联。在和苏联交恶之后，毛泽东曾经想通过输出中国版本的共产主义来建立以中国为中心的区域秩序，但没有成功。在中美建交和中国加入联合国之后，中国才真正和国际秩序确立了正式的关系，至少在政治上说成为这个秩序的一分子。改革开放之后，中国又从经济上成为国际经济秩序的一部分。

因此，崛起之后中国和国际秩序的关系如何，实际上决定于中国的崛起方式和过程。简单地说，中国已经是国际秩序的一部分。当中国决定全方位地加入现存国际秩序的时候，中国已经选择了一条和苏联不同的道路。苏联尽管有能力和美国一起建设一个国际秩序，但选择了另起炉灶，确立和美国相对立的体系。冷战时代，美苏两国各自确立了以自己为中心的国际次体系，这两个次体系构成了国际秩序。但这个秩序很脆弱，以核恐怖的方式来维持两者的关系，也就是两者互相对抗，但谁也不吃掉谁。

在苏联及其主导下的次国际体系解体之后，世界上只有一个美国主导的国际秩序了。中国已经加入这个秩序，并且是这个秩序内的重要一员。那么，为什么现在要再次提出中国的国际秩序这个问题呢？

主要的原因是因为中国和自己选择加入的这个国际秩序发生了冲突。或者说，中国的国家利益和现存国际秩序利益之间存在冲突。中国融入现存国际秩序走过了三个阶段。20世纪80年代可说是第一个阶段，中国实行"请进来"的政策，打开国门，让外国资本进入中国。在这个阶段，中国和国际秩序不会发生什么冲突。如果是冲突，也发生在中国本土，即外国资本和中国内部因素之间的冲突。第二个阶段，也就是20世纪90年代，中国实行的是"接轨"政策，主要是修正自己的制度体系来符合国际秩序的需要。各方面的"接轨"主要表现在中国加入世界贸易组织的努力上。这个阶段，中国也不会和国际秩序发生冲突。从21世纪初，中国开始实行"走出去"政策。中国在很短时间里，从一个资本高度匮乏的国家转型成为资本过剩的国家。中国经济是出口导向型的，同时中国也是一个资源高度依赖外来进口的国家。这些因素决定了中国必须"走出去"。但"走出去"就和那里已经存在的外国资本或者其他力量发生了冲突。无论是在发达的西方还是在发展中国家，中国都面临不同形式和不同程度的冲突。因此，中国的一些人开始考虑如何重新确定中国和世界秩序的关系问题。

中国和苏联所处的情况不同，那就是，现在的世界只有一个秩序，中国已经是这个秩序的内在一分子。在这样的情况下，中国选择革命已经不可能。也就是说，中国不可能发动一场革命，推翻这个秩序，来重新确立一个秩序。同时，中国也不可能像苏联那样，脱离这个秩序，另起炉灶，确立一个次国际秩序。

这表明，中国已经是现存体系的一个巨大既得利益者（stakeholder），中国既不能推翻这个秩序，也不能脱离这个秩序另立体系。因此，中国和这个秩序所能发生的关系就是作为一个改革者，在秩序内部作改革。

这种因素决定了中国在世界秩序中所能扮演的角色。中国在现存秩序内部能够做什么？从中国的国家利益视角看，至少有三件事情中国是必须做的：

第一，中国必须在体系内部壮大自己的力量，不断往上爬。中国现在已经是世界上第二大经济体，至少在世界经济体系内已经举足轻重。实际上，在这个体系内部，中国也已经得到了相应的地位，例如在联合国、世界银行、国际货币基金组织内部，中国的地位都有上升的趋势。尽管中国在这些体制内的权力和中国的大国地位仍然不相对称，但要意识到的是这个体系不是中国确立的，而是美国和西方确立的。中国往上爬的努力和中国实际得到的权力之间必然存在一个差异。

第二，中国可以成为这个体系的改革者，使之更加符合自己的利益。因为这个体系是美国和西方建立的，体系和中国国家利益之间的矛盾是显然的。但这并不是说，这个体系和美国等西方国家就没有利益冲突了。前文所述，美国等国家也发现这个体系和本国的国家利益之间的冲突。这就要求这个体系内部的每一个国家都必须有所妥协，否则这个秩序就很难生存和发展。每一个国家都可以通过改革努力使得体系有利于自身，但妥协是必要的。从这个角度来说，中国在这个体系内部，不可以天天当反对派，表达对体制的不满，因为中国已经是这个体系内部庞大的一个既得利益者，所获取的利益远较其他国家多。较之中国，那些处于体系低端的其他国家有更多的抱怨。

第三，正因为中国已经处于体系的顶端，中国必须承担更大的责任。这里必然涉及中国在体系内部的领导权问题。中国能够得到多少领导权取决于中国的国际责任。例如，中国可以提倡改革，通过改革使得体系更加符合中国的利益，但如果中国过于自私，在改革时不能考量到较小国家的利益，那么中国所提倡的改革就会很难推行下去。因此，这就要求中国在自我利益和他国利益之间追求均衡。这方面，对其他的大国来说也一样。早些时候的英国，冷战时期的美国和苏联，后冷战时代的美国，在这方面都为人们提供了很多经验教训。再者，中国在国际秩序中的地位也决定了，中国也会在各个方面遇到强大的批评声音，甚至是反对力量和挑战者。历史地看，没有一个在国际体系中占据领导地位的大国没有受到过批评和挑战。

　　在很短的时间里，中国已经跃升成为世界体系的重要部分，也可以开始行使一些领导权了。但这并不表明，中国已经知道和学会了如何做大国。实际上，在这方面，中国毫无准备。并不是一个国家具有了经济和军事实力就可以成为大国的。经济和军事力量只是大国的基础。历史地看，英国和美国花费了很长的时间学会如何做世界大国，但其他一些国家则失去了做大国的机会。例如，苏联就没有学会如何做大国，尽管其有强大的军事力量。中国的邻居日本也是一个例子，两次失去了做大国的机会。第一次是二战之前。日本是第一个实现现代化的亚洲国家，取得了政治、经济和军事上的巨大进步，但日本则错误地选择通过军事主义做大国，结果不仅给亚洲人民造成了灾难，也给日本本身造成了灾难。第二次是二战之后，日本在很短时间里成为了世界第二大经济体，是名副其实的经济大国，但日本同样没有成为世界大国。这里除了美国的制约因素之外，日本本身的因素是主要的，日本在很多问题上尤其是历史问题上和亚洲国家搞不好关系。也可以预见，尽管中国的经济崛起了，军事现代化也在进行，但要在现存国际秩序内学会做一个大国，中国仍然有很长的路要走。

三、中美如何共建世界秩序？

前面已经讨论过，讨论中美关系实际上远远超出了这两个国家的双边关系，这是一对关乎国际秩序的关系。在中国所提出的"新型大国关系"概念中，中美关系至少可以从两个互相关联的方面来探讨：第一，中美两国之间的双边关系。第二，中美关系与国际秩序。

即使是中美两国的双边关系也并非是双边的事情，这两国关系如何处理就决定了国际关系的战争与和平。当中国说要建立"新型大国关系"的时候，不仅要保证两国之间的和平共处，而且也是要保证世界的和平。

历史地看，要确立这样一个大国关系不是不可能，但也并不容易。一个新崛起的大国必然要挑战现存大国，而现存大国也必然会回应这种威胁，这样战争变得不可避免。在西方，这几乎已经被视为国际关系的"铁律"。人们发现，自 1500 年以来，一个新崛起的大国挑战现存大国的案例一共有 15 例，其中发生战争的就有 11 例。最显著的就是德国。德国统一之后取代了英国成为欧洲最大的经济体。在 1914 年和 1939 年，德国的侵略行为和英国的反应导致了两次世界大战。在亚洲也有类似的经历。日本崛起之后，就想挑战西方殖民者在亚洲建立起来的或者正在建立的秩序，重新确立以日本为中心的亚洲秩序，最终爆发了日本以反对西方列强为名而侵略亚洲其他国家的战争。

大国兴衰过程中战争多于和平，这一历史事实使得人们对中美两大国之间的关系极其悲观。根据这种观察，一个崛起中的中国必然要挑战美国霸权，而美国必然要尽力反制，这必然导致两国之间的最终冲突。而中美两大国之间的冲突很自然会演变成国际冲突。这么多年来，西方尤其是美国盛行的各种"遏制"或"围堵"中国的理论，其背后就是对中国崛起的担忧。从一些表象上看，这种担忧似乎并不是一点道理也没有。近年来，随着中国的崛起，不仅像美国、日本和印度那样的大国开始担忧中国的崛起是否会对现存国际秩序构成威胁，而且中国周边的小国更是担心中国的崛起是否会对它们各自的国家利益甚至安全构成直接的挑战。这些年来朝鲜半岛、东海、中国南海、印度洋和中印边界所发生的连续不断的事情也似乎在印证着人们的担忧。随着美国"重返亚洲"，很多亚洲国家开始靠向美国，寻找一个安全保证。而这些国家的行为又导致中国的担忧，也就是美国和其联盟要围堵和遏制中国的崛起。

的确，中美关系在很大程度上决定了区域和世界的和平与安全问题。中美两国如何互动？美国"重返亚洲"来"平衡"中国的崛起，美国和其同盟下一步怎么走很关键。如果美国"重返亚洲"仅仅如其所说的是为了"威慑"和"平衡"中国，也就是防备中国行为严重损害其国家利益，那么也不至于导致两国的公开和正面的冲突，因为中国实际上并没有想挑战美国的霸权。但如果美国和其同盟所做的超出了"威慑"和"平衡"的范畴，那么两国的公开冲突乃至战争就会成为可能。

很显然，美国下一步如何走也取决于中国如何走。这是典型的博弈或者理性选择。对中国来说，在处理和美国的关系上，至少具有两个目标：第一是最低目标，即要尽力避免走向大国争霸的悲剧。第二是最高目标，即和美国合作共同构建和维持国际秩序。

在实现最低目标方面，中国自邓小平开始，至少在意识形态上，已经确定了和平崛起的途径。邓小平时代的政策目标是"韬光养晦"的低调外交政策。进入 20 世纪 90 年代后期，中国更进一步提出"和平崛起"的政策。之后，为了回应国际社会对"崛起"概念的敏感反应，中国改成"和平发展"。在胡锦涛后期，因为大国关系显得越来越重要，中国又提出了建立"新型大国关系"的政策目标。应当说，这些政策目标的变化相当及时，符合实际情况的变化。中国的改革开放到现在也已经有四十年了。这段时间，中国不仅保证了周边的和平，而且也承担着其所应当承担的国际责任，为国际秩序作出了自己的贡献，例如积极参与联合国维和部队，在联合国体制下派军舰到索马里护航，等等。也就是说，前面的两个政策目标"韬光养晦"和"和平发展"是成功的。

但现在面临的最大问题则是如何处理大国关系，也就是如何实现建设"新型大国关系"这一政策目标。这里的关键就是如何和美国合作重建、共建和维持国际秩序。

中国如何做？这里首先要对今天中美两国所面临的全球化作科学的理解，包括美国在全球化过程中的作用、其所面临的困局、全球化对现存国际秩序的挑战等等。在对这些问题有比较清楚的认识之后，中国才可以决定自己在这一国际秩序中的角色，明了应当对美国实行什么样的关系策略。

冷战结束后，美国作为唯一霸权所取得的最主要成就就是经济的全球化。经济的全球化本身也是促成"一个世界"局面形成的最主要因素。前面已经指出过，历史上，帝国的形成对帝国内部各个地方共同体之间的经济贸易起到过巨大的推动作用。尽管经济全球化的主动力就是资本，但资本很难单独进行快速的全球化，因为资本往往面临来自政治、文化等各方面的强大的阻力。要克服这些阻力，国家或者政治力量就要扮演一个很重要的作用。冷战结束之后，在推进全球化方面，美国可以说起到了远较从前的帝国更为重要的作用。这一波全球化始于20世纪80年代。当时，英国发生了撒切尔革命，美国发生了里根革命，主要内容是经济的私有化和减少政府对经济尤其是金融业的监管和规制。这便是新自由主义经济学。不过，在苏联集团解体之前，这种新自由主义经济学影响范围仅仅局限于西方世界，而且程度并不很深。只有在冷战结束之后，新自由主义经济学才扩展到全球。这与美国的推动分不开。可以说，没有美国的主导，这一波全球化不可能有那么快的速度。今天我们所看到的这个世界就是全球化的结果。全球化已经改变了世界秩序的很多方面。"地球村"的概念已经存在了很久，但直到今天，才形成了真正的地球村，在地球的一个角落发生的事情很容易对另外一个角落产生影响。除了少数几个孤立的国家，例如朝鲜，今天不管国家的大小和强弱，不同的意识形态和政治体系，不同的文化和文明，都高度相互依赖，没有一个可以免受全球化的影响。

全球化导致各国间高度的互相依赖关系，从而为新的世界秩序提供了一个结构性条件。人们甚至可以说，互相依赖就是世界秩序。全球化对中美关系的结构和性质的改变尤其巨大。从经济上说，中美两国的高度依赖性超出了世界经济史上任何两国之间的关系，以至于有美国经济史学家把中美两国关系称之为"中美国"。

那么，为什么美国在重建和维护其所领导的世界秩序方面困难重重呢？美国的困难是今天世界再次面临无序状态的主要根源。对这个问题的回答又可以分解成如下很多小问题：全球化如何对美国为主导的国际秩序构成挑战？美国面临着怎样的困局？为什么这些问题美国及其盟友很难解决？从对这些问题的回答中，我们就可以看到中国在重构世界秩序过程的角色。

首先，全球化本身作为一种新的经济环境，对旧的建立在主权国家经济之上的国际秩序构成了致命的影响。经济的全球化意味着人、财、物等经济要素在全球范围内的自由流动。也就是说，对主权国家来说，经济主权流失得很快，甚至已经再难有经济主权了。今天的跨国公司在经济方面的权力远较一些中等国家的大。美国尽管是这一波全球化的领导者，但其主权政府也受到全球化的严峻挑战。政府没有能力控制其资本、技术和人才在全球范围内的流动。从前那种资本和技术可以为本国带来就业和税收的情况已经不再。美国的资本和技术可能为其他国家创造就业，也可能为其他国家创造税收。经济要素脱离主权国家的控制和约束对任何国家来说都是一个挑战。

其次，经济全球化不仅脱离主权国家的控制，而且给各个国家带来的好处很不平衡。一些国家在全球化过程中获得巨大的利益，另一些国家所获得的利益较少，也有国家甚至成为全球化的牺牲品。这就导致了各国政府的自私行为。既然控制不了全球化，那么各国政府转而千方百计地想从全球化过程中获得好处。金融资本驱动着全球化，而各国政府的国际经济行为则是货币化。中国所说的 GDP 主义实际上也是今天各国政府所遵循的原则。高度自私的主权政府行为则破坏着国际经济秩序。

再次，经济全球化对主权国家内部造成的困扰，主要是收入和财富分配的高度分化，这无疑对社会秩序产生冲击。如前面所说，全球化导致了主权国家经济主权的弱化，使得政府在经济领域的各个方面，包括就业、税收和社会公平等面临着前所未有的困难。即使在西方，中产阶级也面临困局。中产阶级历来是西方社会稳定和变化动力的来源，现在中产阶级处处受压。这必然影响西方内部的政治秩序。政府在提供公共服务方面的困难反而导致了西方各国内部政治主权的强化。西方所有大众民主国家产生不了一个有效的政府。传统政党制度急剧衰落，社交媒体崛起，很多国家不仅难以产生一个政府，即使产生了，也难以实行有效的政策。这方面，欧洲最为典型，大家都知道问题出在哪里，也知道如何去解决问题，但就是产生不了解决问题的主体，即有效政府。

美国的情况也好不了多少。全球化为美国产生了两股互相矛盾的力量。一方面使美国力量到达世界的各个角落，美国似乎从来没有像现在那样强大过。但另一方面，几乎是同时，美国霸权开始相对衰落。在毫无有效制约的情况下，美国帝国过度扩张，世界警察职能不再。今天美国在页岩气革命的带动下希望再工业化。这一方面会导致美国复兴甚至崛起，但也有可能使得美国变得再次相对孤立。在这个过程中，美国会注重于其内部建设，减少对外部的依赖。从前美国是一个全方位的霸权，如果相对孤立主义崛起，美国可能有选择地参与国际事务。

在美国遇到各种困难的同时，其同盟也是如此。无论是欧盟国家还是亚洲的日本，都很难像从前那样和美国合作来维持国际秩序。在欧洲方面，因为俄罗斯在后冷战时期一蹶不振，那里的安全秩序没有出现明显的挑战者。在中东，美国所确立的秩序几乎已经解体，人们不知道一个新的秩序会是什么样的。在亚洲，美国主要加强和传统盟国日本、菲律宾、澳大利亚等国的关系，同时也想培养新的盟友，例如印度。但同样，美国在这些国家的信用度日益下降。美国再也难像在冷战期间那样对亚洲国家作大量的投入。美国"重返亚洲"所产生的成本很大部分是亚洲国家自行承担，这使得美国很难像从前那样对盟国指手画脚。亚洲国家今天需要美国的主要原因是他们对中国崛起的担忧，而非对美国的信任。

正因为这些因素，直到今天，美国仍然只是在被动地应付国际环境的变化，而没有能力来构建一个新的秩序。概括地说，美国回应的是两方面的因素。一是全球化，二是中国的崛起。实际上，如果没有中国的参与，美国已经完全没有可能重构世界秩序。但同时，与美国一样，中国本身也面临着全球化所带来的问题。这方面，中国和美国具有巨大的共同利益。只有中美合作，才能形成一个新的和可行的世界观和全球观，构建全球治理体系。从这个角度来看，人们便会回到前些年提出的 G2 概念。但 G2 的概念需要重新阐述，不应当指中美两国集团，而是两国合作来共建国际秩序——一个既有利中美两国，也有利于其他国家的制度安排。

四、中国需要追求联盟政策吗？

在追求和美国合作方面，中国首先面临的问题是同盟问题。在"新型大国关系"的构架内，中国的国际关系有两方面的目标。第一方面便是自我生存和发展。在这方面，中国没有天真到会相信美国会自觉地做合符中国国家利益的事情。相反，中国应当假定，美国所做的一切都是为了增进其自身的国家利益。中美合作是有可能的，因为从合作中美国会得到其国家利益。当然，我们也可以相信，美国对中国的看法也会是这样的。第二方面是和美国共建及维持国际秩序，共同承担国际责任。

无论哪方面，都会涉及同盟问题。在第一方面，中国直接面临的是美国的同盟战略对中国所能构成的威胁。美国"重返亚洲"的战略目标是要通过强化和其传统同盟的关系、培养新同盟来实现的，并且一些亚洲国家也倾向于选择和美国结盟。那么，中国要不要结盟呢？

在第二方面，即使中美共同构建新世界秩序，同样也避免不了同盟的问题。也就是说，即使在国际组织存在的情况下，每一个自私的主权国家还是会通过其他的方式来追求国家利益的最大化，以及国家安全和其他方方面面的利益。冷战时代的和平是怎么得来的？尽管苏联（及其盟友）和美国（及其盟友）都是联合国的一部分，在联合国这个平台上互动，但更重要的互动在这个平台之外。美国和苏联都结成了自己的同盟，通过两个同盟之间的对峙来维持两个同盟内部的安全和稳定。那么，中美两国在未来的世界新秩序里面又如何呢？中国也要像苏联那样，实行结盟政治来达到国家安全吗？

结盟政治与国家安全问题是一个非常古老的问题。经验地看，结盟政治是世界无序状态本身的产物，起源于一个国家对自身安全的担忧，尤其是当一个小国或者弱国面临一个大国或者强国的时候。对安全的担忧促使一个国家和另外一个或者一些国家结盟以应付所面临的实际上的或者概念上的威胁。一旦一个联盟产生，那么这个联盟针对的对象也必然产生恐惧感，从而产生结盟的动力。中国的战国时代有结盟政治，古希腊的雅典和斯巴达也有结盟政治。欧洲进入帝国时代之后，结盟政治减少。尽管帝国本身类似于一种结盟，但帝国之内结盟现象大大减少。中国也如此。秦始皇统一中国之后，结盟政治消失，但到了国家分裂的时候（例如三国时代），结盟政治又产生。欧洲进入近代以来，结盟政治更是成为常见现象。

　　一般说来，结盟政治最终往往会导致如下三种结局中的一种。第一，同盟之间的冲突。很多同盟的产生本身就是为了战争，就是要把概念中的敌人打败。中国战国时代各诸侯国、古希腊时代的雅典和斯巴达同盟都是这种类型。欧洲近代的各种同盟也是如此。同盟之间冲突的结局往往有两种情形。一种是一方打败另一方，例如战国时代的中国各诸侯国。一种是双方同归于尽，例如雅典和斯巴达。第二，不同同盟之间产生一种平衡状态。如果各个同盟之间力量不相上下，谁也不能把另一方打败，那么就会出现同盟间的互相制约状态，维持和平。近代欧洲在一些时候就是通过这种方式来维持和平。冷战时代的美苏之间也是如此。不过，应当指出的是，同盟之间的平衡现象并不是永恒的，而是暂时性的，随着同盟间力量对比的变化，这种平衡很容易被打破。第三，同盟之间的竞争最终导致一个同盟的解体和另一个同盟的自我失败。这种情形最重要的特点就是为了"和平"的竞争。典型的就是冷战时代的美苏集团之间的竞争。当时双方核武器对峙，谁也不敢首先发动战争，因为双方都知道，战争必然是同归于尽。在对恐惧失败甚至死亡的情况下，同盟克制自己做出非理性的战争选择。但同时，对死亡的恐惧也迫使同盟之间的激烈竞争。这种竞争的本质就是竞争哪一方更能可持续发展。在美苏两大同盟的竞争过程中，因为苏联集团的错误策略，最终导致了"自我击败"的局面。

在后冷战时代，如何保证国家的安全和世界秩序？在冷战结束后的一段时间里，人们似乎放弃了同盟概念，而转向重视政治制度问题。20世纪90年代初苏联的解体及其所主导的东欧集团的瓦解标志着冷战的结束，美国成为唯一的世界霸权。当时很多人，尤其在西方，欢迎一个全新时代的来临，"历史的终结"概念的流行是当时人们心态的真实写照。根据这个概念，西方自由民主是人类社会最后一个政治制度形式，这个制度会随着苏联共产主义阵营的解体很快地传播到世界各个角落。如果是这样，那么对世界和平应该是一个极大的好消息。自从德国哲学家康德的《永久和平论》问世之后，西方人一直相信自由民主政体是世界和平秩序的制度保障。在经验层面，人们似乎也找到了历史证据，那就是，两个民主国家之间从来没有发生过战争，也就是国际政治文献中的"民主和平论"。

但是，美国成为世界唯一的霸权这一事实并没有在任何意义上使得这个世界变得更加和平。苏联集团（同盟）解体之后，不同形式的战争不断爆发。至少可以归结为三类：

第一类便是民主国家对非民主国家的战争，主要是美国对其他国家的战争。把民主推广到非民主国家一直是冷战时期以美国为首的西方集团的大战略。冷战的结束并没有终止西方的这个使命。美国发动的海湾战争尽管名义上是以国家安全为理由，但实际上是为了在中东地区实现西方式的民主。这个范畴里还应当包括西方推动的颜色革命，尤其是在中亚和中东地区的颜色革命。颜色革命的目的更为明显，就是推行西方式的民主。这类冲突实际上是一个胜利的同盟（即西方）向失败的同盟（即苏联集团）和其他国家推行自己的制度所产生的。

第二类是多民族国家内部不同民族之间的战争。在同盟存在的时候，因为有来自外部同盟的威胁，民族国家内部的很多矛盾被压制下来，但随着同盟的解体，各种内部矛盾就开始释放出来。例如南斯拉夫内部不同民族之间的战争。苏联解体的过程尽管比较和平，但在一些地区也发生着冲突，尤其是俄罗斯和车臣之间。冷战结束之后多民族国家内部的民族主义的崛起导致了主权国家数量的大增。这一波民族主义的崛起和民主化浪潮也紧密相关，大多数新独立的国家都在不同程度上实现了西方所定义的"民主"，即通过选举产生新政府。那么，争取民主的过程为什么伴随着如此多的冲突呢？根据西方的解释，尽管民主是和平的保障，但民主的扩展则是一个充满暴力的过程。

第三类战争形式发生在非政府组织和主权国家之间。冷战结束之后，非政府组织（包括国际非政府组织）迅速崛起。西方也出现一些理论，认为在全球化时代，非政府组织尤其是跨国非政府组织的作用要超越主权国家。非政府组织的崛起当然也包括恐怖主义组织的崛起。"9·11"恐怖主义事件的发生标志着一类新型战争的诞生，那就是恐怖组织发动对一个主权国家的战争。

不过，也应当看到，尽管有这样那样的局部冲突和战争，美国成为唯一霸权之后，要发生像一战、二战那样的大规模的全球性战争的可能性大大降低。冷战的结束表明一个历史性的转型，即从原来的世界"一分为二"转型成为"一个世界"。冷战期间世界秩序一分为二，分别为美国集团和苏联集团所统治。苏联集团的解体本身并不表明这种转型。苏联集团的解体只是为"一个世界"提供了一个结构上的条件。还有两个因素非常重要。其一，美国和西方世界花了很大的力气把从前属于苏联集团的很多国家逐渐整合到西方体系内部，这主要表现在"北约"和欧盟的扩张上。其二，一些国家尤其是中国选择和世界"接轨"的道路，就是加入美国西方主导的世界体系。如果中国也像从前的苏联那样，选择不加入世界体系，而是另起炉灶，组建自己的同盟或者集团，那么"一个世界"的局面也很难形成。

当然，说"一个世界"并不是说美国可以为所欲为了。美国是唯一的霸权，没有哪一个国家可以像往日的苏联那样挑战美国，但在"一个世界"内部，美国也面临着和往日不一样的制约，主要表现在两个方面。首先是美国同盟内部的变化。在冷战期间，美国同盟之所以稳定，主要是各国都面临敌人，即苏联。但苏联解体之后，大家没有了共同的敌人，因此同盟内部的协调变得困难起来。这尤其表现在反恐问题上，当时的法国和德国并不想跟随美国。其次，苏联解体之后，世界发生了一些人所认为的"多极化"，就是国际权力的分散化，主要是分散在各个地区多边组织上，例如欧盟、东盟和一个迅速崛起的中国。应当指出的是，这些区域组织尽管想和美国分享权力，但并没有任何挑战美国的意图，主要聚焦于区域事务。实际上，大多数区域组织需要美国，没有美国不同形式的支持，这些区域组织都会面临程度不同的问题。这样，在"一个世界"内部就形成了"一霸超强、多极并存"的局面。这里的"多极"更多指的是"一个世界"内部的"内部多元主义"。

所以，同盟方面，中国所面临的问题不是是否有能力建设自己的同盟，而是要不要这样做。"一个世界"内部的权力分散化和多极化有利于中国构建自己的同盟。尤其在经济方面，中国现在已经是世界第二大经济体，足以吸引其他国家来加入同盟，如果中国想这么做的话。

如同前面所说的，同盟化是主权国家的自然倾向，在为自己提供安全的情况下来继续增进自己的利益。中国尽管没有像美国那样来建设针对一个特定国家的同盟，但改革开放以来的经验表明，中国在这方面实际上是有能力的。一个明显的例子就是中国所实行的多边主义。多边主义当然不是同盟，但多边主义已经具备了同盟的很多因素，从多边主义演变成为同盟并不是很困难。这里的例子包括中国—东盟自由贸易区、六方会谈和上海合作组织。中国—东盟自由贸易区是为了推进本区域的经济贸易，六方会谈是为了解决围绕着朝鲜核武器发展问题的东北亚集体安全问题，而上海合作组织是为了参与国所共同面临的安全问题，尤其是与恐怖主义有关的问题。

但这些多边组织和美国所进行的同盟有本质的区别，美国所做的是针对中国的，而中国所做的是针对事物的。实际上，中国已经区别开了两种不同类型的多边组织：一类是解决自身和其他国家所共同面临的问题的，如六方会谈和上海合作组织。另一类是针对美国的组织。对第二类，中国至少到目前为止，没有任何意图和动机。

中国这样做无疑是符合建设"新型大国关系"的大战略的。可以从如下三个方面来看：

第一，避免中美两大国的直接冲突。如果中国也像美国那样，建设针对美国的同盟，那么中美两国之间必然陷入一个恶性循环，那就是互相把对方视为敌人，组建各自的同盟来自保，来抵御对方或者威胁对方，最终导向直接的冲突。实际上，冷战期间，美苏两国之间的关系就是这样演进的。现在，美国在"重返亚洲"的战略下重组针对中国的同盟，但中国没有做出同样的回应，这使得双方没有走到同一个竞争轨道上，也就是说双方不会发生直接的冲突。美国"重返亚洲"把重点放在军事上，中国并没有因此改变原来强调经济的政策。也就是说，美国在军事轨道上，中国则在经济轨道上。当然，这并不是说中国放弃了军事现代化。相反，中国在根据自己的需要和自己的速度进行军事现代化，也就是说中国的军事化并非针对美国。这就可以避免中美两国之间的军事竞争。可以相信，中国的经济战略最终也会迫使美国重新回到经济轨道上来。如果中美两国的军事竞争最终会导致零和游戏，那么中美两国的经济竞争则更多的是双赢的。

第二，中国没有针对美国的同盟，表明中国也无需承担同盟所带来的巨大成本。没有免费的午餐，结盟是有巨大的成本的。对美国来说，结盟似乎强化了自己的力量。在明显存在着一个敌人的时候，的确如此。如前面所讨论的，这也就是结盟本来的目标。但在不存在一个明显的敌人的情况下，结盟有两种成本：第一，有可能把被视为"竞争对手"的国家转型成为真正的敌人。例如美国把中国视为潜在的敌人，如果中国的作为就是直接反制美国，那么中国很有可能成为美国的真正敌人。第二，美国必须在一定程度上满足盟国的要求，来增进它们各自的利益，甚至在一定情况下，被同盟所绑架。美国和同盟尽管有共同利益，但两者的利益不能等同起来。在很多时候，同盟国为了增进自身的利益而把美国卷入在内，给美国造成巨大困境。现在的日本和菲律宾就是处于这样一种局面。日本和菲律宾为了各自的利益，利用和美国的同盟关系，分别在东海和中国南海不断挑战中国。美国如果不能满足它们的要求，也就是说，在它们和中国发生冲突的时候，不提供帮助，那么美国作为"盟主"的信用就会失去，这可能导致同盟的解体。但如果美国满足它们的要求，那么美国就要牺牲掉其和中国的关系，至少损害中美关系。另一方面，中国没有针对美国的结盟，就不存在这种成本。中国和朝鲜的关系有些类似这种关系。尽管中国和朝鲜之间不存在着类似美日那样的同盟关系，但中国和朝鲜的传统关系也已经让中国付出了巨大的代价。直到最近，这种情况才得到逐步改变，就是中国明确表示如果朝鲜继续朝核武器国家迈进，中国不会继续支持朝鲜。显然，中国在没有同盟的情况下，其国际关系和外交反而显出高度的灵活性。

第三，中国所实践的是要解决问题的多边主义，这种政策最终会促成美国同盟的无效化。上面所举的一些中国参与甚至带头建设的多边都是强调参与国所面临的安全和经济问题的。这种多边主义在大大强化这些国家和中国的安全和经济关联性，这种关系同样也增加国家之间的互相依赖性，从而提高它们之间的利益相关性，尽管并不针对美国，但也在实际层面对美国构成了制约。例如，中国和东盟之间的高度经济依赖关系使得美国很难把东盟国家拉向自己一方，使它们站在中国的对立面。中国和韩国的关系也有同样的功能。即使是日本，因为自身与中国的经济关联，也不能像从前那样和中国发生直接的冲突。而中美两国之间的经贸关联更是说明了问题，在"你中有我，我中有你"的情况下，美国要把中国作为像从前苏联那样的敌人已经完全不可能了。只要中国没有像从前的德国和日本那样有称霸的野心，美国的同盟政策基本上发挥不了多大的作用，而其所承担的费用则是极高的。

五、如何处理海洋地缘政治，崛起成为海洋国家？

中国传统上一直是一个陆地国家，尽管有很长的海岸线，但海洋地缘政治从来就不是政府要考虑的事情。原因也不难理解，那就是，中国从来就没有计划要成为一个海洋国家。只有一个国家要成为海洋国家的时候，海洋地缘政治才会变得重要起来。而中国要成为海洋国家，只是近来的事情。尽管中国不可避免也必须成为海洋国家，但从海洋国家的历史看，这会是一个艰苦的过程。在现在这个阶段，有两个相关的问题已经变得非常重要：第一，中国要成为海洋国家，首先必须培养海洋意识。海洋国家首先是一种海洋文化和海洋意识。中国数千年里是陆地国家，具有浓厚的陆地意识和陆地文化，要培养一种海洋意识和海洋文化需要艰苦的努力。第二，这种对新的海洋意识和文化的需要并不意味着陆地意识和文化就不需要了。中国需要认识到，尽管海洋变得重要起来，中国的陆地也仍然重要。中国所需要的是一种平衡，一种海洋地缘和陆地地缘之间的平衡，一种海洋意识和陆地意识之间的平衡。如果中国继续传统，仅仅强调陆地，或者放弃陆地专注于海洋，中国的生存和发展都难以得到持续。

近代海洋国家起源于欧洲，这并非偶然。海洋国家不仅仅是特殊的地缘政治的产物，更是文化的产物。起源于地中海区域的欧洲文化，就其本质来说就是海洋文化。与此不同，欧亚大陆国家属于大陆文化。波斯是典型的欧亚大陆文化，而希腊则是典型的地中海文化。古希腊所产生的文明，在很长的历史中，其影响传播到从地中海地区、南欧到北非的广大地区，并且涉及政治、文化、经济和文明活动的方方面面。地中海地区也利用其海洋的优势，抵挡住了来自陆地的外来入侵，包括蒙古和阿拉伯世界。历史地看，欧亚大陆国家依赖的是陆地。陆地国家所争取的一切都和土地相关，它们之间的所有贸易和人口流动都在土地上进行。属于地中海文化的西欧国家到处扩张，但它们最终在从北非到中东一线被伊斯兰国家挡住。因此，它们就开始另找出路。葡萄牙、西班牙首先开始成为海洋国家，荷兰、英国随后，它们从不同的路径到达了新世界，印度洋、东亚、东南亚，几乎是世界的各个角落。

西欧小国成为成功的海洋国家也有其当时特殊的历史条件。当葡萄牙人走向大西洋的时候，只是一个一两百万人口的小国。但在15世纪长达一百年的时间里，葡萄牙人到达了世界的各个角落。那个时候，世界上的其他国家还没有海洋意识，没有注意到海洋，葡萄牙人成功出航，成为海洋国家。当然，葡萄牙也不是天生注定要成为海洋国家的，在很大程度上说，葡萄牙是"被迫"成为海洋国家的，因为当时基督教十字军互相杀戮，伊斯兰世界也在互相杀戮，葡萄牙人在陆地上没有地方可去，因此海洋成为了他们最容易的选择。

人们并不难理解，1945年之后建立的世界体系是海洋而不是陆地体系。海洋力量和陆地力量非常不同。从资源动员的角度来看，这一点非常清楚，因为资源动员能力决定了一个国家各方面的实力。海洋和陆地的主要区别在于海洋提供了一种完全不同于陆地的动员能力。如果你要出海，征服海洋就可以了，你面对的只是自然力量。这里，海洋是你的主要"敌人"，而要对付这个敌人，你所需要的只是技术。再者，海洋是"自由的"，海洋的规则是"自由航行"，没有人会在海洋上阻拦你。这就是欧洲的小国家葡萄牙、西班牙、荷兰等能够成为强大的海洋国家的原因。到现在为止，还没有国家为了一片海洋而战。陆地则很不相同。在近代主权国家概念产生之前，几乎地球的每一个地区都已经被人类所占据。如果你要从一头移到另一头，你可能会遇到很多不愿意你从他们的土地上经过的人。对土地的争夺是人类大多数战争的根源，尤其在帝国时代，各国所争夺的是土地和人口。在进入主权时代以来，对土地的争夺已经到了"寸土不让"的地步。海洋和土地的不同也可以从经济价值的角度来看。以土地为基础的经济活动产生各类资源和食品。在帝国时代，各个文明、文化和国家之间也都有贸易交往，但往往是小规模的。进入近代之后，世界上的贸易越来越依赖于海洋。比较优势的经济理论告诉人们，贸易产生附加值，而海洋则是产生附加值的中介。

与陆地国家相比较，海洋国家体系产生了无比巨大的政治、经济、文化和社会互动，以及大量的人类活动。在海洋文明从地中海传播到大西洋，跨过印度洋而到达太平洋和东亚的过程中，海洋国家的扩张导致了国家间和文明间的巨大冲突。今天的世界体系无疑深受海洋文化遗产的影响。欧洲国家体系是16世纪之后海洋力量造就的，这个体制在大英帝国时期达到了顶峰，随后是美国。尽管美国既是海洋力量，也是陆地力量，但其陆地力量可以忽略不计，因为美国不面临来自陆地的任何威胁。因此，不难理解，近代以来，海洋主导着国际经济，谁主导海洋，谁就主导世界经济。

中国成为陆地国家（或称"地锁国家"land-locked power）

与中国国家形成和扩张的历史有关。无论是中国的文明还是国家都起源于黄河流域。中原王朝从黄河流域向四周扩张，扩张过程中都是陆地。中原王朝也曾遭受来自陆地的外来少数民族的侵入，外来少数民族进入中原之后都被中国文化所消化，主动接受中国文化，也就是说，外来少数民族成为中国的一部分。在少数民族成为统治者之后，他们经常搞扩张。中国版图的大扩张都是在外来民族成为中原统治者之后实现的。但是，这些少数民族的扩张也同样是向陆地扩张。

很容易理解，历代王朝所注重的也都是陆地地缘政治。实际上，在西方列强到来之前，中国从来就没有面临来自海洋的威胁，所有的威胁都来自陆地，中国的国防安全的重点自然也是侧重于陆地。最典型的就是长城了。历代王朝修筑长城，其意图就是想把入侵者（也就是北方少数民族）挡在长城之外。近代之前，除了来自陆地的北方少数民族，中国并没有真正的敌人。因此，中国修筑了长城，而不是建立海军。除了修筑在本土的长城之外，中原王朝也实行朝贡制度来应付周边国家，朝贡制度是一种可控的贸易，不管朝贡国是来自陆地还是海洋。

中国在明朝时开始受到来自海上的威胁，即所谓的"倭寇"。非常有意思的是，也正是在这个时代，中国具备了成为海洋国家的能力。15世纪是世界海洋世纪的开始，欧洲的葡萄牙就是从这个时候开始成为世界上第一个海洋国家。不过，论技术，当时的中国是最有条件成为海洋大国的。在西欧小国进行海洋远征的同时，在中国的东南沿海，也出现了掌握很高航海技术的海员，他们已经到达了印度洋甚至更远的地区。他们制造的船舰远比葡萄牙人制造的要庞大、坚实和美观。当时，无论是政府还是民间，中国都具备了足够的能力来实现这个目标。在政府层面，有名的郑和数次下西洋就是政府财政和中国航海技术的证明。这一点，这些年人们已经说得很多，不需要在这里再作论述。即使是民间也具备了很强的能力，所谓的"倭寇"

或者"海盗"，实际上主要指的并非日本人，而是浙江和福建的民间海上武装走私集团。但是，无论是政府组织的航海还是民间自主的航海都没有继续下去。郑和下西洋不仅被政府中止，而且政府也销毁了所有海航的数据和资料。在民间方面，政府下大力气，花了很多年镇压了民间"海盗"。从此之后施行闭关锁国的"海禁"，就使得中国失去了一次成为海洋大国的最好机遇。王朝为什么这样做？其中有几个主要原因：

第一，王朝以陆地地缘为中心的意识形态。到明朝，这个意识形态已经确立了好几千年，已经根深蒂固，难以动摇。尽管福建的海员具有很高的技术水平，但是他们有一个致命的弱点，那就是他们从文化上说不是葡萄牙人。葡萄牙人有他们自己独立的王国和国王，国家可以达成一个统一的意志，具有巨大的动员能力。福建海员并不能够独立存在专注于陆地的国家政权之外，因为福建也只是中国诸多省份的一员。王朝陆地地缘政治的需要阻碍了福建海员向海洋发展的冲动。中国历代王朝对港口城市并不很感兴趣，并没有看到像香港和上海那样的港口城市的重要性。上海那么具有海洋优势的城市在很长历史里只是一个小港口，而其他港口城市要么被视为渔民出海捕鱼的地方，要么只是驻扎军队以防止海盗和走私者活动的地方。当葡萄牙、西班牙、荷兰和英国船舰来到中国的时候，港口城市成为王朝把外国人挡在内陆之外的停留处。

第二，既得利益的阻力。陆地地缘政治不仅仅是一个意识形态，更是其背后的意识形态。航海需要很大的花费，这方面花费的增多必然影响到能够用到陆地防护的费用，负责陆地防护的王朝机构必然反对发展航海。

第三，在客观层面，尽管当时的中国受到"倭寇"的骚扰和侵害，但威胁并不大。日本当时处于封建时代，对中国并没有构成真正的威胁。朝廷面临太多的内部问题，并不想再找海洋方面的麻烦。结果，朝廷就用简单的镇压"倭寇"和"禁海"

的方式来处理问题。总体上看，尽管明清时期中国也经历了国家崛起的时刻，但封闭政策越来越甚。等到晚清，真正面临海洋的"敌人"的时候，中国已经无能力成为海洋国家了。

在 19 世纪，随着英国人的到来，中国才开始意识到海洋国家的强大。但即使对英国，中国也没有非常害怕。对中国来说，英国只不过是几条大船和几千军队，没有什么大不了的。尽管处处被英国人打败，但朝廷仍然不重视，看不到海洋地缘大局。失败之后，以"割地"的方式应付了事。直到中国的近邻日本成为东方的第一个海洋国家，并打败中国之后，朝廷才醒悟过来，但为时已晚。王朝从来就没有意识到海洋力量通过控制贸易港口和城市经济，足以摧毁中国的陆地力量。

总体上说，在民国以前五百多年的历史里，中国只有在 19 世纪末，受日本的影响，曾经想建立一支海军，也努力这样去做了，但在甲午战争中被日本打败，从此再也没有想去努力建设海军。在整个 20 世纪，中国也没有把重点放在海军。解放军初期并没有一条军舰，也没有海员，但却赢得了战争的胜利。国共两党联合抗日以及国共两党之间的内战，都是陆地战争。1949 年中华人民共和国成立之后的很长时间里，中国对海军有战略意义上的思考，但发展海军更多的是为了国防的现代化，而与中国的海洋地缘毫无关系。在很长的冷战时期，和苏联对抗的都是海洋国家，相反，支持苏联的则是大陆国家。即使苏联本身也主要是陆地国家，其海军并不很强大，没有办法和美国等海洋国家相比。中国早期实行"一边倒"的政策，和苏联站在一起，自然受苏联的军事思想的影响。后来和苏联交恶，对中国的主要威胁更加来自陆地。等中美建交之后，中国才再一次和一个海洋大国打交道。

20 世纪 80 年代，当中国开始改革开放的时候，人们开始思考海洋文明。很有意思的是，改革开放实际上主要是向西方和受西方影响的国家和地区如日本等东亚经济体开放，而这些国家和地区多属于海洋文明。向海洋国家开放导致和海洋国家的互动，这是人们思考海洋文明的动机。这方面，当时很受知识界欢迎的电视片《河殇》具有典型意义。这个电视片比较全面地阐述了海洋文明的重要性。尽管电视片给人一种有关海洋文明的思考，但当时的中国并没有成为海洋国家的实际的需求。

简单地说，中国成为海洋国家的需要来自中国的开放政策所导致的中国和世界的关联。我们可以把中国的开放政策分成三个阶段，即"请进来"、"接轨"和"走出去"。在过去的三十来年里，中国已经走过了两个阶段，现在已经进入第三阶段。在 20 世纪 80 年代，中国开放政策的主题是"请进来"，也就是打开国门，欢迎外国资本的进入。在这个阶段，中国和世界没有，也不会发生冲突。到了 20 世纪 90 年代，中国确立了加入世界贸易组织目标的时候，中国实行了"接轨"的政策，也就是调整和改革自己的制度体系来适应世界体系。在这个阶段，中国和世界也不会发生冲突。

从本世纪开始，中国开始实行"走出去"政策，这就直接导致了中国海洋地缘的崛起。这里有几个主要的原因：第一，中国在很短时间里，从一个资本短缺国家成为资本过剩国家，资本必然要走向能够赢利的地方。在这个意义上，中国的资本和其他国家的资本并没有本质上的区别。第二，中国是一个资源短缺的国家，国内高速的经济发展需要进口大量的资源。同时，中国又是出口导向的世界制造业中心。对外来资源的依赖和出口导向的制造业促成了中国的贸易大国地位。现在中国已经成为世界上最大的贸易大国之一。第三，中国资本"走出去"表明中国需要发展出足够的能力来保护自己的海外利益，贸易大国的地位也决定了中国海上航道安全的重要性。第四，中国周边海洋资源的大发现加快了周边国家在和中国有争议的海洋（岛礁）地区开发资源的步伐，这大大加剧了中国和周边国家围绕着海洋岛礁的主权争议，甚至冲突。所有这些都说明中国必须转向海洋，把海洋地缘政治提高到议事日程上来。

海洋地缘政治重要起来了，但要成为海洋大国则不容易。中国过去从来就没有注重过海洋，现在开始讨论海洋和海军，这仅仅是一个开端。英、美等国家花了很长的时间成为海洋的主人。现在，中国已经没有了当时英、美等国家成为海洋国家的历史条件。不过，尽管无论是主观上的海洋意识和海洋文化，还是客观上的环境制约都不容许中国能够像从前的海洋国家那样顺利成为海洋国家，但上述要素也在为中国成为海洋国家提供巨大的动力。中国成为海洋国家只是时间上的问题，而不是能不能的问题。

当然，中国学习其他海洋大国的经验并不是要重复其他国家成为海洋国家的路径，中国必须探索自己成为海洋大国的道路。今天的全球化环境已经为海洋地缘政治提供了全然不同的条件。尽管全球化在一些方面强化了海洋地缘政治的重要性，但在另一方面则使得地缘政治变得不那么重要。全球化表明各国之间的贸易，表明海洋地缘的重要性，但金融的全球化则表明金融经济的重要性，而金融经济则使得海洋地缘变得不那么重要，因为金融活动不需要经过海洋。如果说在海洋地缘政治时代，谁控制了海洋，谁就控制了世界，那么在金融全球化时代，谁控制了金融，谁就控制了世界。当然，这也不是绝对的，贸易和金融经济至少对中国来说同样重要，而且金融经济的未来具有越来越大的不确定性。诸如此类新出现的要素表明，中国要明了自己目前所处的世界地缘政治新环境，从而把自己塑造成为一个新型的海洋大国。

不过，在强调海洋地缘政治的时候，在成为海洋大国的过程中，中国面临的最大的挑战在于如何平衡陆地地缘和海洋地缘。这个平衡决定了中国的综合国家安全和海洋地缘政治战略的可持续性。

六、如何处理海洋地缘政治与陆地地缘政治之间的关系?

中国的地缘政治包括陆地地缘政治和海洋地缘政治,如果把地缘政治放到中国周边外交的内容里面来讨论,我们就会比较容易看到平衡这两种地缘政治的重要性。

正如前面所讨论过的,中国传统上一直是大陆国家,陆地地缘政治占据主导地位,今天随着全球化和中国与世界经济体的日渐一体化,中国的海洋地缘政治的重要性显现出来。无论是中国内部的可持续发展还是中国在国际社会所能扮演的角色,都在很大程度上取决于中国的地缘政治。不管怎样,各种客观要素已经把中国的海洋地缘政治提高到国家外交议程上很重要的位置。但是,这并不是说,中国的陆地地缘政治不重要了;相反,同样的全球化和世界经济一体化更显陆地地缘政治的重要性。我们可以从如下三个层面来讨论:

第一,国家的统一。国家的统一既是一个历史问题,又是一个现实问题。从历史上看,这与中国国家的形成和发展方式有关。在地理意义上,中国国家的形成是一个从中心地带向边缘地带扩张的过程。中原王朝是国家的内核,逐渐整合边缘地带。在这个过程中,边缘地带整合到体系中来的程度自然比较低。这种情况到现在仍然存在。中国人常说,"天高皇帝远"。传统上,因为缺少现代交通工具和通信手段,一个地方离中原王朝的地理距离影响到其自治程度。在数千年的历史中,远离中原王朝的边缘地带往往发展出自己独特的文化和生活方式。这种地方化了的文化和生活方式并不能因为政治上的统一而消失。已故美国政治学家白鲁恂(Lucian Pye)说中国是一个文化国家,而非现代民族国家。这一说法是很有道理的。1949 年之后,中国在政治上成为一个统一的国家,之后也通过经济手段(计划经济)、交通手段(铁路、公路等)和文化手段(宣传机器）等来整合国家。这些手段都有效地整合了国家，使得国家逐渐从传统上的文化国家向近现代民族国家转型。但是，这并不是说，中国数千年历史的地方传统文化和生活方式从此消失了。很多研究表明，即使毛泽东时代的国家整合，仍然是有限度的。改革开放之后，随着数波激进分权，毛泽东时代所进行的各种强制性的整合已经不再，市场化导向的经济发展一直在强化着各个地方的差异，中国越来越呈现出"行为联邦主义"体制的特点。也就是说，中国的国家整合过程并没有完成，面临着越来越多的新的挑战。

第二，陆地地缘政治更是关系到中国边疆的稳定问题。国家的整合从中心到边缘，如果考虑到中国边缘地带和中国的少数民族地区重合，那么陆地地缘政治的重要性就不言自明了。尽管历史上中原王朝发展的过程也是一个不同民族融合的过程，但到今天处于边缘地带的少数民族地区（主要是西藏和新疆）很难再像传统上其他民族那样得到整合。这里有几个主要因素：

首先，无论是藏族和维吾尔族等民族，它们本身也有独特的文明性，尤其表现出强烈的宗教性。一个具有强烈的宗教性的文化很难和汉族的世俗文明相整合。当然，这并不是说与它们不能和平相处了。中国传统上发展出很多相当有效的方法，使汉族和具有宗教性质的民族和平相处。今天，时代变化了，中国仍然需要找到符合现代精神的和平相处方法。

其次，1949年以来的民族政策一直在强化少数民族的民族意识，反而使得民族的融合变得极其困难。受当时的国际环境的影响，中国基本上放弃了传统上处理汉族与少数民族共处的方法，接受了苏联的斯大林主义的民族政策。而从思想的渊源来看，斯大林的民族政策基本上是西方极端的自由主义，即一个民族，一个国家。在这种思想的影响下，中国政府制定了包括民族识别在内的诸多民族政策，把民族用行政方式"格式化"。这些政策有效地强化了民族认同，而非减少民族认同。尽管有些政策例如对少数民族在经济社会领域的优惠政策非常必要，但如何消化这些政策所带来的负面效果，政府并没有思考。

再次，在主权时代，民族主义不仅对各国产生影响，而且也对一国内部的各少数民族产生影响。如果说民族主义意味着"一族一国"，那么对多民族国家来说，民族主义就意味着分裂。很多多民族国家就是因为内部少数族群的民族主义崛起而导致国家的分裂。第二次世界大战以来，联合国成员国一直在增加，新成员国主要都来自于多民族国家内部因为民族主义崛起而独立出来的国家。中国尽管维持着一个统一的多民族国家，但少数民族的民族主义的存在也是一个客观的存在。很显然，中国政府已经把"疆独"和"藏独"列为对国家统一的最大威胁之一，这一事实表明少数民族民族主义的存在。

更为重要的是少数民族的贫困问题。少数民族聚居地处于中国的边缘地带，也是社会经济不发达甚至是很不发达的区域。这些地区社会经济的不发达状态对国家的整合产生着负面的影响。社会经济不发达，中产阶级很小，社会成员受教育程度普遍较低，一些人行为往往难以理性。经验表明，极端主义往往能够在贫穷人口中间找到市场。贫穷人口往往较之富裕人口易被极端主义所动员，并且容易走向暴力。这些年中国在少数民族地区所发生的暴力事件无疑和社会的贫穷状态相关。一旦社会经济发展到一个较高的水平，尽管也避免不了少数极端因素，极端因素便很难动员到足够的力量进行大规模的暴力行动。当然，也要意识到，一旦少数民族的教育水平提高，其成员的民族意识也会提高，从而产生另一类民族主义运动。但这一类民族主义运动是可以加以避免的，主要可以通过国民教育来减少和消除各民族的极端民族主义，把多民族国家维持在统一的水平。这方面，发达的多民族国家（例如美国）的发展提供了足够的经验证据。

第三，在今天的全球化和区域化时代，中国的陆地地缘政治更受到区域甚至国际关系的影响。和传统陆地地缘比较，今天的陆地地缘更容易受外在因素的影响。简单地说，如果说在传统上，中国的陆地地缘的劣势可以通过修筑长城而得到修正和弥补，那么在今天类似的方法已经毫无用处。也就是说，陆地地缘本身也在国际化。在中国，这方面的问题主要在西边，包括西藏和新疆。西藏和新疆是中国领土的一部分。尽管那里存在着民族主义因素，但并不存在主权问题。不过，西藏和新疆问题的产生和处理已经远远超出了传统主权国家的范畴，而往往具有了国际性。从概念上说，中国陆地地缘政治往往和周边外交相关联，而周边外交则往往也和大国政治相关。

如前面所讨论的，各种因素使得中国的海洋地缘政治越来越重要。但同时，中国在这个领域的困难也越来愈甚，尤其是因为近年来美国的"重回亚洲"而变得复杂，范围涵盖从东海到中国南海到印度洋的广袤海域。美国"重返亚洲"改变了中国周边（海洋）国家对中美关系的认知，一些国家认为中美关系会重复往日美国和苏联的关系，而选择了和美国站在一边。同时，那些和美国有同盟关系的国家（例如日本和菲律宾）更是利用其和美国的同盟关系在最大限度上追求自己的利益而牺牲中国的利益（海洋地缘这一点，下面还会论述到，这里先聚焦陆地地缘）。

但实际上，陆地地缘政治也是一样的，只是从不同方式表达出来而已。这里首先也是美国的因素。在中国的西边，中国现在面临的是美国力量逐渐从中东地区消退所留下来的遗产。二战之后，整个中东地区都是美国的势力范围。在那里，无论是政权建设还是经济发展都离不开美国和广义上的西方。美国在中东的利益是基于其能源的需要和对其盟国以色列的国家安全需要的考量。无论是20世纪90年代的海湾战争还是美国以反恐为名对阿富汗、伊拉克的占领，都和美国的能源以及其他地缘政治因素的考量有关。但是从近年来的发展来看，美国必须改变其在中东的政策。有几个因素显得尤其重要：首先，美国的帝国已经过度扩张，导致美国维持帝国的负担过重。尽管美国还是最强大的国家，但在维持一个扩张过度的帝国方面已经显得力不从心。这表明美国必须收缩帝国战线。其次，在中东，美国进行了大规模和持续的反恐战争，但那么多年下来，美国则发现，要消除恐怖主义因素几乎是一件不可能的事情。美国调整心态，承认恐怖主义是一个常态，反恐是一件长期的任务。正是这种新的认知，使美国逐渐减少从事反恐的军队。再次，2008 年全球金融危机之后，美国国内进行再工业化的运动。页岩气的开发使用正在有效减少美国对海外能源尤其是中东能源的依赖，美国正在快速地向一个能源大国转型。二战之后美国地缘政治格局的形成过程中，能源是一个强大的推动力。美国成为能源大国表明其地缘政治格局会出现很大的变化。一旦美国不再依赖中东能源，甚至变成能源出口国，那么美国从中东减少军事存在的速度必然加快。

那么，这种地缘政治的变化对中国的陆地地缘政治意味着什么呢？一些人认为，美国从中东撤出为中国创造了一个机会，就是中国可以填补美国撤出之后所出现的空间。但是，问题并不是那么简单。的确，中国需要大量能源，在很多年里，中国也在积极地和中东国家发展紧密的经济贸易关系。不过，美国的撤出对中国会产生三个方面的挑战：

第一，中东的安全问题。在中东，整体安全构架是美国主导下建立起来的。一些人认为，到现在为止，中国在中东是一个"搭便车者"（free rider），中国"搭"美国的"便车"，或者说，中国的总体安全是美国提供的。这当然有些夸张，但并非一点道理都没有。美国一旦撤出，中东整体大安全构架就不再存在。安全问题必然成为中东最大的问题。要建立一个新的安全构架谈何容易！而中国在这个过程中所能发挥的作用非常有限，也就是说中国必然面临如何保护其在中东的利益的挑战。

　　第二，美国撤出中东不会是非常顺利的过程，而会是一个动荡的过程。美国一旦撤出，那里的亲美政权必然遭遇困难。而且，美国承受"民主"的包袱，也就是要在那里推动民主化。尽管今天中东和北非的民主化革命大多是内发的，但美国的作用不可低估。美国等西方国家在逐渐撤出的同时也在努力推动那里的民主化运动。这里也包括帮助推翻美国等西方国家所界定的专制制度（非民主政权）的努力。这在利比亚和叙利亚的例子上表现得非常充分。当然，新生的政权不见得是继续亲美的，更有可能是反美的。但是，必须认识到，不亲美甚至反美并不是说这些政权可能会对中国更友好。美国在中东的能源地缘政治招致了那里人民的不满。现在美国走了，中国要进入，那么中国在中东的能源政治如何不招致那里的人民的不满呢？显然，这对中国是一大挑战。但这里更为严重的是，一旦现存政权解体，新政权如何建立？建立一个新政权并非容易。民主（主要是选举）可以产生一个新政府，但也容易推翻一个新政府。中东地区这些年的政局动荡就说明了这一切。如果政局不稳，那么中国又如何走向中东？在过去，美国力量能够在中东生存和发展，这与美国在中东政权建立过程中的重要作用相关。中国完全不可能重复美国的道路，那么中国力量又如何走向中东？

　　第三，考虑到地缘政治的影响是双向的，中东变局也必然会影响到中国的边疆政治社会稳定问题。能够对中国产生直接影响的就是中东的宗教极端主义甚至是恐怖主义向中国的延伸和扩张。随着美国的撤出，中国和中东的经济贸易交往变得频繁起来。这也必然促使两者之间的文化、人员（商人、学生、学者等等）的交往。这应当说是正常现象，也应当加以促进。不过，应当看到的是，中东很多国家不能建立一个有效政权，甚至有成为失败国家的迹象，宗教极端主义崛起。失败国家也往往成为宗教极端主义甚至恐怖主义的训练地。中国和这些地区的交往增加，也必然受这些方面的影响。从近年新疆的暴力恐怖主义事件来看，境外和境内的激进因素已经有了相当的关联。

和新疆问题有关的地缘政治的另一个重要因素来自中亚地区。在冷战期间，这个地区是苏联的势力范围。苏联解体之后，苏联中亚共和国纷纷独立。苏联一消亡，美国势力就乘机进入这个地区。这个地区的政治和政府稳定性要比中东好一些，但也面临着很大的不确定性。在这个地区，政府以民主的方式产生，但民主仍然处于早期阶段，稳定下来需要很长的历史时间。事实上，如果这些政府不能引导国家社会经济的发展，现在低度的社会经济发展水平并不能有助于民主政治的进步。这些国家面临的一个困境是：一方面，民主很难造就一个稳定有效、有能力推动社会经济发展的政府；另一方面，低度社会经济发展水平制约着民主政治品质的提升。再者，这些政府也没有能力来提供一个有效的社会秩序，在旧（苏联）体制解体之后，新的体制还远未建立起来，这经常导致社会的无政府状态。和中东地区一样，社会的无政府状态经常为极端势力和恐怖主义提供有利的空间。而这些又必然影响与这些国家相邻的新疆。

西藏也面临类似的情况。这些年来，中国政府和叛逃海外的达赖喇嘛之间不能达成共识。现在人们面临的情况是：一方面，中国政府不会向任何被认为是分裂国家的行为作任何的妥协；另一方面，海外藏人组织近年来则越来越激进和暴力化。一些海外藏人组织公开主张西藏独立，并且要用暴力手段来达成目标。达赖喇嘛现在年事已高，一旦达赖去世，海外藏人的暴力变得不可避免。考量到所谓的"西藏流亡政府"设在印度，并且中国和印度之间存在着包括边界领土纠纷、军事竞争、民族主义冲突在内的问题，西藏问题的地缘政治含义的复杂性是不言而喻的。

尽管这些趋势的发展并不是说今天的中国也要像传统那样

在中国和中东之间修筑一条"长城",把境外极端因素隔离在外,但这种情况的确表明中国少数民族地区所面临的地缘政治风险。如何降低和消除地缘政治风险?中国已经积累了一些经验。例如上海合作组织,就是中国和俄罗斯、中亚国家合作的产物,意在共同反对恐怖主义,推进成员国之间的经济合作。也不会排除中国会再做努力来推进这类组织的建设,从而回应新出现的挑战。不过,从目前运作的情况看,人们还不能确定这类组织是否能够应付美国逐渐从中东退出所带来的地缘政治的大变局。如果说中国的海洋地缘政治刚刚开始,我们所面临的任务是如何学会做一个海洋大国,那么中国也面临着陆地地缘政治大变局所带来的严峻挑战,这里传统的地缘政治经验已经变得不那么相关,我们所需要的是寻找新的应付陆地地缘政治的战略和方式。

七、应当追求东北亚共同体吗?

东北亚,也就是中国的东边,已经有美日同盟和美韩同盟。美日同盟这些年来因为中日关系的恶化而有强化的趋势。中国也非常担心这些同盟对中国国家安全所能构成的实际威胁,所谓的"第一岛链"和"第二岛链"的争论就是这方面担忧的考量。不过,美日同盟是否演变成为专门针对中国的,并且是进攻性的,取决于中、美、日这三国之间的互动。只要中国没有和美国进行争霸战争,美日同盟要发动对中国的围堵的可能性并不大。同时,中国冲破"第一岛链"和"第二岛链"的象征性意义多于实际意义,因为中国走出太平洋的商贸利益多于军事战略意义。

尽管美日同盟对中国国家安全的影响需要持续的关注,但东北亚对于中国的地缘政治意义更重要的一方面在于中日关系。中日相处数千年,尽管在大多数时间相安无事,但一旦关系处理不好就会走向战争。近代以来，日本已经两次打断了中国的现代化进程，即甲午战争和抗日战争。中日关系直到今天仍不能从历史的阴影中走出来，和中日之间的战争有关联。不难理解，针对日本的中国民族主义尤其强烈。对中国来说，如何维持一个和平的东北亚对内部的现代化建设至关重要。

如何维持东北亚的和平局面？在欧洲，发展到今天的欧盟对欧洲的和平扮演了一个重要角色。经过了两次世界大战，欧洲人终于下大决心通过发展区域组织来防止战争、维持和平，并在此基础上来整合整个欧洲。尽管欧洲的整合仍然面临着严峻的挑战，但欧盟在维持欧洲和平方面的确是达到了很高的制度水平。

中国改革开放以来，东北亚三国的经济贸易关系也得到快速的发展。但到现在为止，东北亚仍然是一个地理概念，而非像北美或者欧洲那样的制度概念。很多年里，东北亚三国都想努力建设东北亚区域主义的制度构架，尤其在经济贸易方面。的确，现在中国是世界第二大经济体，日本是第三大经济体，韩国的经济实力也在快速上升。如果这三个经济体达成类似欧盟和北美那样的自由贸易区，那么必然会大大促进东北亚的经济发展。

中国的经济总量已经超过日本，在东北亚扮演着一个越来越重要的角色。这些年来，中国力推建设东北亚的自由贸易区。但问题在于，中国这样做会成功吗？从现实政治的角度来看，失败的可能性远远大于成功的可能性。尽管有诸多现实因素（主要是经济要素）在促成东北亚区域主义，但东北亚三国都很难从历史的阴影中真正走出来。"以史为鉴，面向未来"，这仅仅是一个理想，因为这些国家的人们并没有准备好忘掉历史，走向未来。相反，历史深深地植根于现实之中。一旦现实出现哪怕是一些微不足道的事情，历史就回来了。历史一回来，政治人物无论多努力也会无济于事。

　　尽管东北亚地区同属儒家文化圈，但这并没有在任何实际意义上有助于区域主义的形成。二战前，日本曾经尝试过要建立一个以日本为中心的"大东亚共荣圈"。日本通过战争的方式来实现这个目标，不过以失败告终。在日本发动对华战争时，其叫嚷"同文同种"。尽管今天中国强调的是通过经济合作促进区域主义的制度化，但如果过于理想主义，也同样会失败。近年来的一些经验也表明了东北亚这三国之间合作的有限性。例如，东北亚这三国分别和东盟形成了三个"10＋1"机制（即中国—东盟、日本—东盟和韩国—东盟），并在此基础上形成了"10＋3"机制，就是东北亚三国在东盟的平台上进行互动。尽管在这个机制内，这三国也实现了一些合作，但并没有出现人们所预期的进步。

　　中国扩大和发展同日本、韩国的经贸关系，这是历史的必然，但日益紧密的经贸关系并不见得要演变为类似欧盟和北美那样的制度化。制度化可以做一些，但很难达到很高的程度。中国可以推动制度化，但必须意识到这种制度化是有限度的，过分的理想反而会走向失败。作为大国，中国要对东北亚区域主义做些哲学思考，重新探索一种可行的整合或者分离机制，保障国家安全和区域和平，在最低限度上防止国家的现代化再一次因中日关系的变化而中断。

　　那么，东北亚的发展有哪些可能的情形呢？当然，日本并不是决定东北亚局势的唯一因素，其他一些因素例如朝鲜半岛无核化或者统一也会对区域的发展产生重大影响，但在今后相当长的历史阶段内，东北亚局势的主轴是中日关系，其他关系是次要的，或者辅助性的。

　　再者，能够主导中日关系发展的主轴便是日本国家的"正常化"。战后，日本成为战败国，美日结成同盟。尽管日本得到了这个同盟所带来的国家安全，但也使得其成为一个半主权的国家，即日本不被容许有独立的国防和外交政策。日本国内针对这种"半主权"状态一直有非常不满的声音。在中国崛起之前，日本国内经常有针对美国的民族主义。例如在20世纪80年代，以石原慎太郎为代表的右派政治人物对美国喊出了"不"字。今天，有很多因素在促使日本快速向正常国家迈进。

首先是中国崛起本身。尽管日本从中国的崛起过程获得了巨大的经济利益，但中国的日益强大使得日本感到"威胁"。日本的这种"被威胁"并不难理解，正如近代日本的崛起对中国构成"威胁"一样。而日本的这种"被威胁"感更是因为其本身经济长期得不到复苏而强化。近年来，随着中日关系因为钓鱼岛主权纠纷而每况愈下，日本政府更是公开宣扬中国"威胁"，以此来加速国家的"正常化"。

其次，朝鲜半岛的发展趋势也促使着日本的"正常化"。在东北亚国家中，朝鲜是最弱的，同时，其所感受到的国家安全受到威胁的程度也是最大的。无论是日本还是韩国都受美国核保护伞保护，基本国家安全不成问题，但朝鲜则没有这样的保护。尽管朝鲜和中国、俄罗斯比较靠近，但中国和俄罗斯都没有单独或者联合为朝鲜提供这样一种保护。客观地说，这种情况也是朝鲜要发展核武器的动机之一。不管如何，朝鲜的核武器项目一直被美国、日本和韩国视为是本区域最大的威胁。日本政府也一直以朝鲜的军事威胁为理由，推动国家的"正常化"。

再次，中美关系的强化也在影响着日本的国家"正常化"。中美关系的高度依赖性促成了一些人所说的"中美国"。的确，中美关系现在已经构成了整个国际关系的"结构性"因素，也就是说，中美关系的发展决定了国际关系的很多方面，包括美日关系和中日关系。正因为这种结构关系，无论是美国还是中国，都不能离开对方而在国际舞台上有很大的作为。并且，从发展的势头来看，中美关系也必然会进一步得到强化。中国现在强调和美国建设"新型大国关系"，也就是说，在实现和平共处的最低目标的基础上，共同维护世界政治的格局。如果中美关系一直持续这种势头，那么也会促使日本趋向于成为独立国家。一旦日本感觉到美国不会为了日本的利益而牺牲中美关系，或者日本感觉到美国不能提供其所需要的安全，那么日本会转向依靠自己。这必然促使日本为国家"正常化"而努力。这里，"正常化"也就是脱离美国而实现国防和外交政策的独立性。

无论是哪种因素促成日本的国家"正常化"，对中日关系必然产生巨大的影响。尽管"正常化"表明日本可以独立于美国而决策，但中日关系不会过于紧密。两个大国如果是邻居，它们之间的关系会处于长期的竞争状态，而非合作状态。或者说，竞争是正常现象，而合作只是"运气"。这就是中国俗话所说"一山不容二虎"的道理。欧洲的法国和德国也是这样一种情形。

当然，日本的国家"正常化"运动也不会是一个一帆风顺的过程。中国对日本没有任何制约，但美日同盟则可对日本构成有效的制约。日本今天的"正常化"运动之所以能够取得比较快的进展，主要因为美国的"容许"。中美两国之间缺乏政治信任，美国认为中国具有高度的不确定性，经常把中国视为竞争者，甚至是"敌人"。在这样的情况下，美国要强化日本这个同盟，以此来消化和对抗来自中国的可能的威胁。美国经常宣称，美日关系是其东亚安全政策的基石。同时，对日本而言，这种情况表明其可以"挟持"美日同盟来追求国家"正常化"，即发展军事力量来应付中国。当然，当日本的国家"正常化"涉及从美国"独立"出来之时，情形就大不相同了，美国会向日本施加莫大的压力，迫使日本放弃这种想法。例如，几年前，日本民主党鸠山由纪夫执政之时，想建设东亚共同体，追求和美国相对平等的地位，但马上面临来自美国的巨大压力，以失败告终。今后，如果美国感觉到日本要从美日同盟中"独立"出去，并且这种"独立"不利于美国的利益，美国同样会施加压力。

日本因为中国的崛起而要追求国家的"正常化"，但同时因为美国的制约而无法从美日同盟中"独立"出来，这种情况表明什么？这种情况表明东亚会出现两个次区域体系，即中美韩关系和美日韩关系。这两个体系相对独立，但同时它们之间又构成相互依赖的关系。美日同盟和美韩同盟已经存在很长时间了。这些年因为朝鲜问题，这两个同盟也有变得更为紧密的趋势，也就是变成美日韩同盟。美日韩同盟中，美国是主导力量，今后也会这样。原因很简单，日本和韩国的关系，也同样负有巨大的历史包袱，并且也有领土上的纠纷。没有美国，日韩两国很难结成任何有意义的同盟。另一方面，中美韩的关系也趋向密切。中韩的经济已经整合到难以再分开的程度。因为中日政治关系对中日经济关系的负面影响，中韩经济关系反而得到了强化。这种势头在今后相当长的时间内不会改变。同时，如前面所说，中美经济关系也已经发展到了难以再分开的程度。无论在韩国还是中国，都已经有人开始讨论中美韩三国的联盟关系。尽管这三国要结成类似美日韩那样的同盟并没有可能，但这三国的关系会越来越紧密，有可能会达到一个实际上的（de facto）联盟的关系。

这种趋势当然并不是说中日两国会互相关上大门，实行封闭政策。中日的经贸关系仍然会发展，但中日的政治和战略关系会变得相对独立。同时，中美韩和美日韩这两个次体系之间的关系又会是互相依赖的。从上面所分析的要素来看，两个相对独立但又互相依赖的次体系可能是东亚国际关系的大趋势。如果出现这样一个局面，可以从制度层面来保障东亚的和平和安全，对中国的国家安全和内部的现代化都会是正面的发展。在东北亚三国本身很难发展出制度化比较高的区域主义的情况下，这样一种新局面也是一种理性的选择。

八、如何处理和东盟的关系，避免东盟的分裂？

今天的东盟面临前所未有的内外部危机。表面上看，东盟在内部继续得到整合，在外部则游走在中美等大国之间为自身争取利益。但这些表象掩盖不了东盟所面临的深刻危机。

东盟的危机是从美国宣布"回归亚洲"开始的。美国这样做是为了"平衡中国"，希望东盟国家站在美国这一边，来抵消中国在东盟越来越大的影响力。美国因此从各个方面向东盟（无论是东盟作为一个集体还是个别东盟国家）施加巨大的压力。在南海问题上，美国不仅是始作俑者，推动和操纵仲裁案的发展，而且联合其盟国（尤其是日本）向中国施加莫大的压力。很自然，在有关国家主权和核心利益上，中国不仅没有让步，也不会让步；相反，中国围绕南海问题发动了强大的外交攻势。这种情况立即迫使东盟陷入困境，处于不得不"选边站"的边缘。无论对东盟整体还是个别国家，"选边站"是东盟面临的巨大危机，因为这意味着东盟的分裂。

东盟向何处去，这必然会影响到中国。对中国来说，当然不能接受一个统一的但跟着美国或者日本而针对中国的东盟。在这个意义上，中国必须对东盟施加压力，至少拉住东盟的一些国家以有利于中国。不过，另一方面，如果东盟解体，就会有很大一部分东盟国家选择美国和日本，这样就会构成对中国的威胁，尤其在南海问题上。

东盟解体的因素既可以来自内部，也可以来自外部。在这个问题上，中国必须有一个正确的判断，因为中国是少数几个可以直接或者间接地影响东盟内政外交的国家。中国既要防备东盟作为整体选边靠向美国和日本，也要避免东盟解体。东盟是中国的"后院"，这个"后院"如何发展会影响中国的区域国际环境。

1. 强盛时期的东盟

东盟是冷战时期的产物，成立之初是为了保卫自己的安全并和西方保持有机的联系。冷战期间为东盟强盛时期，东盟的运作比较有效。有几个因素促成了东盟的强盛。

第一，东盟的松散性。严格地说，东盟是协会，而不是联盟。东盟全称是 Association of Southeast Asian Nations，这里的"association"和联盟（alliance）完全不同。在当今世界，在所有的联盟内部，实际上存在着领导和被领导的关系，并不存在平等的关系，例如美日同盟之内，美国是领导者，而日本是被领导者。在冷战期间，苏联集团内部，苏联是领导者，而其他东欧国家是被领导者。东盟并不存在这种情况，它是由平等主权国家结成的联合体，并不存在领导和被领导的关系。苏哈托统治的印度尼西亚尽管是东盟的老大，但并不能扮演美国那样的领导角色。这种平等的关系反映在东盟的所有条约和规则之中。东盟的松散性既保障了各国主权，又推动了各国之间的合作。

第二，强有力的领导。自东盟成立到冷战结束这个阶段，东盟有二战后第一代强有力的领导人，包括新加坡的李光耀、印度尼西亚的苏哈托和马来西亚的马哈蒂尔等，这一代是政治强人，无论对自己的国家还是对东盟的发展方向都有正确判断的能力，并能够制定有效的政策促成东盟成员国之间的合作。

第三，冷战格局。冷战格局意味着东盟存在着巨大的外在压力，这里主要是指苏联。在冷战期间，苏联曾支持越南侵略柬埔寨，就是一例。这些外在威胁的存在客观上促成了东盟成员国之间的内部团结，并倾向于以美国为首的西方集团。这种情况在中美建交开始改变，而在邓小平1978年访问东南亚之后彻底得到改变。

2. 冷战后转型的困境

冷战之后，东盟开始转型。东盟所经历的转型既推动了东盟的发展，也为东盟今天所面临的困境埋下了种子。这里有几个重要的原因：

第一，东盟大大扩大了成员国。东盟从原来的六个成员国（印度尼西亚、马来西亚、新加坡、泰国、菲律宾、文莱）扩大到十个成员国，即加上了越南、柬埔寨、老挝和缅甸。这种方式和欧盟的扩张有类同。表面上看，东盟的扩大大大强化了东盟的力量，但其实不然，负面效果也随之出现。扩张之后的东盟其内部的差异性大大增加，复杂性提升。东盟内部成员国不仅社会经济发展水平参差不齐，而且政治体制和意识形态也大不一样。多年来，东盟内部协调性每况愈下。尽管从整体上看，东盟似乎越来越得到整合，但很多文件和政策只停留在纸面上，并没有转化成为现实。再者，内部协调性差就为外力干预提供了先决条件。

第二，中国的影响。直到最近，中国的影响一直是正面的和积极的。中国1999年开始倡导中国东盟自由贸易区谈判，2010年自由贸易区正式启动。这不仅大大推动了东盟各国内部的经济发展，也促成了东盟的整合。以中国东盟10+1机制为先导，东盟和东北亚中、日、韩三国分别建成了三个10+1机制，而最终形成10+3机制。中国在加入《东南亚友好合作条约》之后，一直强调东盟的领导权地位，即中国宣布不和东盟争抢领导权，而是主张东盟事务由东盟自己来主导，并给予大力支持。

第三，在中国推动中国—东盟自由贸易区的同时，中国和东盟之间的主导性话语和政策重心就是经贸合作。无论是中国—东盟自由贸易区的建设还是中国加入世界贸易组织，在东盟内部都引发了一些问题，即内部各方面所得到的利益不均，东盟一些国家也曾经有过"中国经济威胁论"的论调，但始终没有占据主导的地位。

第四，美国抢占领导权。美国、中国、日本和印度等大国在东盟的竞争是不言而喻的。面对这个现实，东盟决定把东盟转化成为各大国可以互动的一个平台。但是，和中国不同，美国一旦加入《东南亚友好合作条约》，就开始和东盟抢占领导权，美国试图主导东盟的一些事务，例如东盟的发展方向、东盟和中国的关系，等等。这尤其表现在南海问题上，美国和日本千方百计地促使东盟和美国、日本站在一起来对付中国。在美国和日本的压力下，东盟开始失去其往日的中立性。中立性是东盟生存和发展的基础，一旦失去中立性，东盟就很容易走向分裂。和冷战时期比较，东盟已经进入一个后政治强人时代。政治强人包括李光耀和马哈蒂尔等可以向美国说"不"。但在后强人时代，年轻一代的东盟领导人很难顶住美国的压力，而倾向于和美国站在一起。他们中的很多人大都接受过美国（和西方）的教育，对中国的看法往往和西方相似，而和中国的看法有很大的距离，甚至相反。

第五，主流话语从经贸转向安全。就东盟内部来说，这些年尽管东盟有很大的雄心实现更大的整合，但实际上是缺乏内部动力。东盟成员国的内部经济发展面临巨大的挑战，往往需要寻求外部的动力。这尤其表现在 TPP（Trans-Pacific Partnership Agreement，跨太平洋伙伴关系协定）上。部分是因为来自美国的压力，部分是因为东盟内部一些国家认为中国在东盟占据了优势，东盟过于依赖中国了，它们开始寻求和美国的关系。奥巴马总统把 TPP 作为其"重返亚洲"政策的一个重要组成部分。但荒唐的是，在美国的推动下，东盟与中国之间，主流话语从以往的以经贸为核心演变成了以安全为核心。香格里拉对话会就是明显的一个例子。这个论坛主要是美国推动，以安全为核心，并且主要矛头是针对中国的。多年来，对话会无一不是以南海问题为主题，并且主办者多次邀请对中国不友好的政治人物（例如越南外长、日本首相等），对中国不友好甚至敌视的言论广为世界媒体所传播，而其他有关合作和发展的话题根本不能引起媒体的兴趣。这样，越谈安全，人们越感到不安全。这些年来，对话会给人的印象是：中国对东盟构成了安全威胁。更有意思的是，在东南亚国家注重安全的同时，有关经贸的对话会或者论坛则转移到了中国。中国—东盟南宁博览会、博鳌论坛等主要经贸论坛尽管核心是中国和东盟的关系，但都在中国举行。在东盟举行的这类论坛和对话会越来越少。

3. 东盟危机的现状

东盟的现状如何？如果借用一位资深外交官的一句话，那就是，已经找不到昔日团结的东盟了。从前，东盟国家会议上，大家都对东盟未来充满信心，外交官们互相交流，讨论着如何把东盟推向前去。然而，现在当外交官们一起开会的时候，互相之间已经找不到共同的话语了。今天，东盟一些国家的政治人物和外交官深刻忧虑着东盟的未来。这种担忧是有深刻的理由的。我们可以具体看看东盟各成员国的情况。

菲律宾是老成员国了，但菲律宾作为东盟成员从来就有很大问题。从文化上说，菲律宾并不属于亚洲，而属于西方。近代，菲律宾成为西班牙的殖民地，之后成为美国的殖民地，二战期间又被日本所占领。菲律宾精英层的思维永远是西方式的，而不是亚洲式的。菲律宾也属于海洋国家，对外交，和东盟的一些陆地国家有着非常不同的看法。今天，菲律宾更是有其自己的议程，不能和其他东盟国家合作。菲律宾只有在需要东盟的时候，才寻求东盟的帮助；如果东盟不能提供帮助，那么菲律宾就另找他国，尤其是美国和日本。这种情形也使得外力（美国和日本）很容易影响菲律宾的内政外交。南海仲裁案就是最好的例子。这些因素使得菲律宾一直和其他东盟国家存在紧张关系，东盟其他成员国往往因为菲律宾是成员国不好公开反对菲律宾，但实际上并不认同菲律宾的很多政策和作为。

老挝和柬埔寨两国与中国的关系比较特殊。这不仅仅是因为中国提供给它们经济援助、帮助两国发展社会经济等因素，更在于越南对这两个国家（尤其是柬埔寨）所构成的实实在在的威胁。从地缘政治上说，这两个国家一直会需要中国来制衡越南（在一定程度上，泰国也有这种需求）。就它们的能力来说，这两个国家在东盟内部不能扮演重要角色。不过，因为东盟内部的"民主"机制，在东盟和中国的关系上，这两国可以起到很大的作用，至少可以制约东盟作为一个整体向美国和日本倾斜。近年来的发展已经证明了这一点。

泰国自近代以来一直奉行比较独立的外交政策，这使其避免了沦落为殖民地。但泰国和周边国家（越南、柬埔寨等）也一直是有矛盾的。作为东盟成员国，泰国和非东盟成员国（主要是美国和日本）的交往多于和东盟成员国的交往。美国和泰国是正式同盟。对泰国来说，这个同盟可以平衡越南的力量；对美国来说，可以通过这个同盟来影响中南半岛。近年来，泰国和中国的关系发展得很不错，泰国被东盟视为是"亲华"的，但实际上并非如此。泰国对华的友好主要表现在外交语言上，在外交实践中，泰国从事的是"平衡外交"，通过发展和日本的关系来平衡中国。这很明显表现在泰国的高铁外交上。泰国也从来没有在东盟内部扮演过关键角色。

越南是新成员国，无论从历史还是现实看，越南总是有自己独立的外交议程。历史上，越南一直具有扩张野心。加入东盟之后，越南也想主导东盟国家，主要是想通过和东盟的最大国印度尼西亚的合作来达到目的。今天越南借用南海问题经常对中国发难。越南对东盟很感兴趣，主要是出于自己的野心。不过，东盟一些成员国对越南具有很强的怀疑和防备心理。越南很难在东盟内部扮演一个建设性的领导角色，但可以利用东盟捞到一些好处。

今天的缅甸因为民主化而内部形势严峻，使其不得不有自己的内部议程。即使缅甸对东盟事务感兴趣，但也没有能力扮演一个积极的角色。一种可能性是，缅甸成为东盟的一个负面因素。东盟对缅甸的内部发展实际上起不到很大的作用，缅甸只好求助于外在的力量，尤其是西方的力量，美国、日本和欧洲等。西方对缅甸的民主化深感兴趣，对缅甸的援助是有政治条件的。不过，这些条件并不符合东盟"不干预内政"的原则。对中国来说，这也是一大挑战，即西方可以影响缅甸的内政外交而对中国不利。

文莱太小，不足以在东盟内部起作用。

这样只剩下印度尼西亚、马来西亚和新加坡三国了。这三国也是最早东盟倡导国。不过，今天这三个国家的情况也不容乐观。

马来西亚近年来内部经历着巨大的政治变迁，领导层忙于国内政治斗争。尽管首相纳吉布基本上掌控了权力，但很难在国际舞台上有所作为。马来西亚一直以来对中国比较友好，小心做事情。尽管马来西亚也是南海的声索国，但从来没有像菲律宾和越南那样主动挑衅中国。

印度尼西亚是东盟的最大国，冷战期间也一直充当东盟的老大。在苏哈托倒台之后，印度尼西亚国内动荡，在东盟内部的影响力大大下降。近年来，随着国内局势稳定下来，印度尼西亚可以重新扮演老大的角色。不过，今天的印度尼西亚要在国际舞台上扮演大国角色，所以，印度尼西亚的政策呈现两个方向：领导层主要的精力放在内部事务、经济发展和建设上；在国际舞台上，领导层关切的是类似 G20 那样的有助于印度尼西亚发声的国际平台，而对东盟事务的关切已经不能和苏哈托时代相比了。

这样，只留下新加坡一个国家对东盟事务深感兴趣。新加坡历来被视为东盟的智库，新加坡实际上也是扮演了这样一个角色的。这也给很多人一个印象，新加坡试图领导东盟，要不搞中美之间的平衡，要不动员东盟靠向美国。尽管社会经济发达，但新加坡仍然是东盟的小国。新加坡的确为东盟的发展提供了有力有效的智力支持，但鉴于新加坡在东盟所处的环境，新加坡也很难推动东盟的发展。并且，自从冷战以来，新加坡的发展一直是依赖美国等西方国家的，直到中国崛起，新加坡和中国发展出了深厚的经济关系。在进入后李光耀时代之后，年轻一代领导层的外交意向也在发生变化。外交系统的决策不再像在李光耀时代那样集权；很多决策人物接受美国的教育，在认同上比较靠向美国；随着其"重返亚洲"政策推行，美国对新加坡的压力也在增大，年轻一代很难抵抗得住美国的压力。客观上说，新加坡所处的地缘政治环境表明，在安全方面，新加坡必须继续依靠美国的力量。

4. 中国的对策

东盟的未来发展对中国无疑具有重大的战略意义。尽管东盟是否变得更进一步整合或者走向解体取决于东盟内部的发展，但外部力量（尤其是中国和美国）对东盟的政策至关重要，甚至是关键因素。总体上来说，中国的最大利益是要争取东盟整体上倾向中国，和中国友好；次优利益是一个中立的东盟，不选边站；再次优利益是一个分裂的东盟，一些国家倾向中国，另一些倾向美日；而最坏的结果就是东盟作为整体站到美国一边。现实地看，要东盟作为整体站在中国这一边的可能性并不大。不过，一个整合而中立的东盟也是有利于中国的，而一个分裂的东盟则对美国有利。如前面所说，东盟一旦分裂，大部分国家就会选择美国和日本，而非中国。一个团结的、针对中国的东盟不利于中国；同样，一个分裂的东盟也不利于中国。

那么，中国应当如何努力来争取东盟在进一步整合的同时至少保持中立，避免最坏的情况出现呢？我们至少可以考量如下几个方面的问题：

第一，中国要通过各种途径向东盟说清楚利弊。在后强人政治时代，东盟很多国家对美国看不清楚，比较容易屈服于美国的压力。中国一方面要继续强调东盟的中心地位，辅助东盟的整合，另一方面要揭露美国和日本在东盟的企图。中国可以高调强调东盟进一步整合和统一性的意义，树立一个负责任的国家形象。

第二，中国要努力改变东盟今天的主导话语权，即以安全为核心的话语。以安全为核心的话语的塑造已经对中国与东盟的关系产生了很负面的影响，即上面所说的，使东盟把中国视为安全威胁。要减少安全话语，中国必须增加经贸话语。作为东盟最大的贸易伙伴，中国有能力推动双边之间的经贸话语。中国可以通过东盟友好国家多举办一些国际性经贸论坛。

第三，在安全和经济等问题上，如果菲律宾和越南继续强硬，中国可以对它们施加更大的压力，而不会对其他东盟国家产生巨大的负面影响。在这方面，中国要显示其决心来，而不能太过于软弱。过于软弱，其他东盟国家就不会把中国当回事。当年中国对越自卫反击战，"惩罚"越南，在东盟国家赢得了信誉。中国既要有斗争，也要有妥协，使得东盟国家明白中国要做什么。作为大国，中国应当显示其大国的气度，在亚洲扮演一个负责任的角色，但这并不意味着小国可以随意联合其他大国来冒犯中国。

第四，在经贸关系上，中国的利益可以向一些对中国友好的国家倾斜，例如柬埔寨和老挝。今天，西方对柬埔寨非常不满，因为柬埔寨公开支持中国。西方的一些部门公开首相洪森"腐败"的证据，对柬埔寨尤其是洪森本人施加压力。不过，中国也要预防柬埔寨的反对党倾向美国、日本和其他西方国家。对反对党要实行"接触"政策，了解其情况。

第五，对缅甸要加紧经贸关系。近年来，中国和缅甸在经贸投资方面遇到困难，主要是美国、日本和西方国家的干预，迫使缅甸疏离中国。现在虽然是民主选举政府执政，但缅甸的政治转型不会顺利，很多人也相信转型不太会成功。如同对东欧国家的民主化，西方对缅甸早期的民主非常关注，但美国、日本对缅甸的地缘政治利益的关切远远多于对其民主化的关切。再者，因为美国等西方国家本身的经济困难，对缅甸的投资也很难加大。这样，缅甸最终必须转而求助于中国。缅甸是中国的后院，不能放弃。中国可以加大对缅甸的经济贸易力度，而对大规模的基础设施投资则可以放缓一些。

第六，对"一带一路"建设进行调整，通过经贸投资等方法，培养一些关键的"支点国家"，即中国对东盟国家政策转型时可以依靠的"支点"。对"支点国家"要进行深入研究，但可以包括柬埔寨、老挝和马来西亚等。印度尼西亚和越南是大国，但不是"支点国家"，因为它们要追求自己的区域霸权地位。菲律宾永远是西方的一部分，不是"支点国家"。泰国永远是搞平衡的，很难成为"支点"。新加坡也很难成为"支点国家"，因为其地缘政治决定了必须搞平衡。

第七，实行有斗争、有妥协的有效、有力的外交。这里的例子是第49届东盟外长会议发表的联合公报。联合公报的发表既是中国外交的胜利，也是东盟的胜利，形成了中国东盟双赢的一个局面，而美国和日本则是最大的输家。这与2012年那次外长会议的结果形成了鲜明的对比。2012年7月在柬埔寨召开的东盟外长会议上，因为柬埔寨在南海问题上力挺中国，导致联合公报破产，这也是东盟历史上外长会议公报第一次流产。之后，美国、日本和西方一直利用这个事情，在它们掌控的国际媒体上宣扬中国"分化同盟"的形象。2013年6月在云南玉溪召开的中国—东盟国家特别外长会议的结果使得东盟变得更加焦虑。由于中国东盟双方之间的矛盾，原本中国与东盟的联合记者招待会流产，作为协调国的新加坡外长在沉默中离开，中国自己开了记者会。这次东盟外长会议，国际的焦点也并不在会议所讨论的合作，而是是否会通过公报。菲律宾和越南都希望在联合公报中提及南海仲裁案和遵守国际法的必要性，印度尼西亚、新加坡、缅甸也主张在联合公报中写入和平解决问题，有必要"全面尊重法律和外交程序"，但遭到柬埔寨的反对，要求不要提及"大规模填海造岛和建设军事设施"等措辞。不过，会议最后做了妥协，虽然公报提及南海局势的段落有八个，但文件对南海仲裁案的结果只字未提，各国外长重申提升互信和展现克制的重要，避免可能使情况变得更加复杂的行为，依据国际法寻求和平的方式解决争端。这个结果表明，只要经过努力，可以创造中国和东盟共赢的局面。

声明有力打击了美国和日本，尤其是日本。结果，美日澳匆匆忙忙发表一个联合声明，并涉及南海和东海问题。人们普遍认为，这个声明是由日本领导和起草的，是日本挟持了美国和澳大利亚。但美日澳的这个声明并没有在东盟造成任何影响，因为东盟外长联合公报的发表表明东盟成员国之间达成了基本的共识。

第八，乘机扭转和提升中国东盟外交局面。南海仲裁案，中国在这一轮斗争中暂时占据优势。欧洲和美国各自忙着内部事务，没有很大的精力来炒作南海问题。中国要利用这个势头，团结东盟国家，揭露美日（尤其是日本）搞乱东盟的意图，从而扭转近年来因为南海问题而僵持的中国东盟关系，把双方的关系推向一个新的阶段。

九、如何守住南海"生命线"？

对中国来说，东南亚的地缘政治意义主要是中国南海问题。中国南海不仅仅涉及中国的主权问题，也就是中国所界定的核心利益问题，更涉及中国的经济社会可持续发展问题，中国目前的对外贸易高度依赖中国南海航道，一旦这个航道失去安全，中国内部的发展就会面临巨大的威胁。因此，中国南海航道也可以说是中国的"生命线"。

南海形势恶化和当今世界地缘政治转向亚太地区紧密相关。更直接地说，南海问题是美国"重返亚洲"的结果。南海问题是历史问题，美国当然没有制造南海问题，但南海问题浮上台面和美国相关。这里，首先要回答一个问题，即为什么美国的地缘政治转向亚太地区？

首先是地缘经济因素。亚太地区日渐成为世界的经济中心是不争的事实，并且这种趋势在未来的数十年不会改变。今天，中国是世界第二大经济体，日本是第三大。此外，印度也正在崛起成为继中国之后的另外一个亚洲经济大国。印度尼西亚和其他东盟国家的经济增长也不可忽视。其他发展中国家和地区尽管也有经济增长的潜力，但远不及亚洲地区。多年里被人们称道的"金砖国家"（巴西、俄罗斯、印度、中国和南非）中间，其他几个国家的 GDP 总量目前还不及中国一个国家。欧洲和美国现在面临严重的经济结构问题，需要很长的时间来做调整。欧美经济对世界经济依然重要，但在其结构调整期间，要扮演世界经济领头羊的角色比较困难。这样，亚洲会在很长时间里保持世界经济重心的位置。

在这样的情况下，主要经济体包括美国、欧洲甚至俄国，其经济战略必然向亚洲转移。从世界历史上看，也是如此，即一个国家的地缘经济是跟着世界经济的增长点也就是经济重心走的。例如唐宋时期的中国，18、19 世纪的欧洲和冷战期间的大西洋两岸。因为亚洲地区涉及世界上几个最大的经济体，世界经济重心转移到亚洲，表明代表这些经济体或者主权国家的政府之间的互动也必然增加。这种互动意味着经济利益和战略利益的重叠。如果代表主权国家的政府不是互动的主体，那么国家间的经济关系更多地表现为公司之间的贸易关系。但一旦主权国家成为主体，那么经济互动面的战略重要性就显示出来，就是说，即使是经济上的互动也具有了非常的战略意义。

对美国来说，把战略重点转移到亚洲非常符合其"税收国家"的本质。作为唯一霸权的美国，一直在扮演"世界警察"的角色，来维持其所谓的"世界秩序"或者提供全球性"公共服务"。但这样做需要大量金钱的支撑。因此，美国也一直扮演着全球性的"税收国家"的角色，即尽最大的努力通过各种方法向全世界各国"征税"，来承担维持"世界秩序"的费用。这一事实也决定了美国的地缘政治和其地缘经济的紧密相关性。如果两者是重合的，那么美国维持其全球秩序的费用就低；但如果不重合，美国所要承担的费用就会很高。显然，并不难理解为什么美国的地缘政治会随着其地缘经济而转向亚洲。既然亚洲会在未来很长一段历史时间里扮演世界经济重心的角色，那么美国就有充分的理由将其地缘政治的重心转移到亚洲。在这里，美国的"税基"庞大，其安全战略是可持续的。

地缘政治重心转移到亚太地区的第二个重要因素就是战略本身。在美苏冷战结束之后，美国就变成了唯一的霸权国家。在冷战期间，美国和苏联分庭抗礼，只主宰了半个世界，即西方世界。苏联一垮掉，美国的最高战略利益就是维持其唯一霸权的地位。美国开始利用现存体制来消化中国等新兴国家，也包括所有前共产主义国家。在相当长的时间里，美国做得相当成功。历史似乎沿着"历史的终结"（福山语）的道路行走。在小布什刚刚上任之初，美国就出台了新保守主义的外交政策，意在对付中国。这种政策调整非常符合西方外交政策的逻辑。因为西方的国际关系史表明，现存霸权必然会遭受另一个崛起国家的挑战。对美国来说，中国很自然成为美国的目标。

但新保守主义外交政策的目标并没有实现。正当美国主导的世界体系很乐观地消化吸收着另一半世界的时候，"9·11"

恐怖主义事件发生了。反恐战争在一段时间里牵制了美国的地缘政治的大转移。此后，无论在学术界还是政策界，非传统安全问题成为主题。非传统安全的主角不再是主权国家，而是非政府组织。因为恐怖主义组织被定义为"邪恶"的非政府组织，美国的反恐战争大大减少了对主权国家的外交压力，尤其是中国。

这里还有一个因素必须提到。20世纪90年代以来的全球化运动也改变着西方人的思维。当时越来越多的人相信主权国家不再重要，至少不再像从前那样重要，而超国家组织（包括国际组织、跨国公司和国际非政府组织）和国家内部的非政府组织的作用越来越重要，甚至要超越主权国家。这种认知尽管反映了国际政治舞台上角色的多样化这个事实，但这种认知过分理想化。很显然，主权国家并没有随着全球化的到来而变得不重要，更不用说是"消失"了。从今天的情况看，无论是应付全球性金融危机还是恐怖主义，都需要主权国家的强化。

但不管怎样，这么多年的反恐战争使得西方政府意识到，恐怖主义是个常态，不可能因为反恐战争而得到彻底的解决。实际上，很多人也已经意识到，反恐怖主义是一场不可能赢的战争，因为西方所定义的"恐怖主义"的因素随着反恐战争的进行而呈现出一种持续发展的趋势。于是，西方尤其是美国开始要人们接受"恐怖主义"是常态这样一种认知。美国从伊拉克撤军，与其说是美国的反恐战争结束了，倒不如说美国接受了恐怖主义存在这个事实，是观念改变的结果。

但也很显然，这种观念的改变对国际关系和中美关系具有深刻的影响。对一般国际关系而言，这种变化促使国际关系的主题重新回到了传统安全问题，主权国家因此再次成为聚焦点。这里至少包含有两方面的意义：第一，传统安全问题，例如伊朗和朝鲜的核扩散问题，仍然是国际安全的主要威胁。如果忽视了这些主权国家所从事的安全活动，那么这个世界（西方）

将是不安全的。第二，非政府组织的活动（尤其是恐怖主义）带来的不安全问题，需要通过强化主权国家的能力来应付。不难理解，这种认知在深刻影响着美国和整个西方的战略调整。伊朗和朝鲜问题会随时被提到西方的议事日程上来。

对中国来说，这种认知使得美国再次倾向于把中国视为竞争对手甚至敌人。在这个背景下来理解美国"重返亚洲"策略比较容易些。在短短几年里，美国很快明确了"重返亚洲"的政策内容，那就是围绕着中国南海问题的军事战略调整和围绕着 TPP 的经济战略调整。

美国以中国南海问题为核心的军事战略有其历史的延续性，也有一些比较新的内容。人们观察到，在小布什当政的早期，美国也曾经试图建立亚洲版"小北约"，即加强美国和亚洲区域内部同盟的战略关系。现在有人说在反恐时期美国忽视了和亚洲国家的关系，这并不准确。实际上，即使是在反恐时期，美国也在巩固和其传统盟友例如日本、澳大利亚等之间的战略关系，基本上完成了所谓的亚洲版"小北约"的构架。不过，自从美国提出"重返亚洲"的政策目标之后，这种战略越来越明确了，也具有了更加广泛的内容。

针对中国南海问题，美国采取了一系列新的战略动作：第一，和越南、菲律宾等与中国在南海问题上有主权争议的国家合作；第二，扩大和澳大利亚的联盟关系，尤其是在澳大利亚的变相"驻军"；第三，试图建立新联盟，如印度；第四，努力改善与传统上对美国不友好的国家的关系，例如缅甸。

应当意识到，美国这样做并非其一厢情愿，而是具有来自亚洲的很大"需求"，就是说，亚洲国家要求美国对亚洲事务的卷入。这种需求至少来自两个方面：第一是亚洲国家相信只有美国才有能力来解决亚洲国家所面临的一些问题。第二，这种需求也来自一些亚洲国家对中国崛起的不确定和担忧。在前一方面，亚洲国家并不见得一定要排斥中国，而是因为在各个方面，中国还没有显示出有能力应付和解决一些至关重要的问题，例如以朝鲜问题为核心的东北亚局势和中国南海海上航行安全问题。美国是一个行动导向的国家，有时候做正确的事情，有时候做错误的事情，有时候做成功的事情，有时候做失败的事情，但不管怎样，美国的行动是可预期的。对多数亚洲国家来说，美国是一个久经考验的强权。中国尽管正在崛起，但在国际事务上，还没有经历足够的考验。在很多问题上，中国也尽力显示自身是一个负责的国家，但还没有能力来承担责任，解决问题。在这样的情况下，亚洲国家自然倾向于选择美国。

亚洲国家对中国的担忧和不确定是个老问题，也比较容易理解。除了日本，亚洲国家都较中国"弱小"（主要是认知上的）。小国家本来就惧怕单独面对一个崛起中的中国，尤其是那些和中国有各种矛盾和纠纷的国家，无论是历史上的还是领土（海）上的。这些国家既然不愿单独面对中国，要么就抱团面对中国，要么就邀请其他大国来应付中国。当然，不管什么原因，邀请美国的卷入是有成本的。但为了增进自身的利益，这些国家也愿意以各种方式为美国承担费用，也就是自愿被美国"征税"。

美国"重返亚洲"的经济战略则是以 TPP 为中心的。TPP本身并非为美国创始，但一旦美国卷入，开始主导 TPP，其性质就发生了很大的变化。TPP 本身是一个新的尝试，一旦实现，参与方的很多方面的"经济主权"势必遭到削弱。现在人们还不知道想参与其中的一些较穷的国家，例如越南、马来西亚等国，如何消化 TPP 的压力，因为它们和美国经济水平相差实在太大。即使是日本这样发达的经济体也不见得能够消化。对一些国家来说，参与 TPP 的谈判，其政治战略理性要大于经济理性，甚至是出于政治和战略上的考量，也就是应付中国的考量。尽管人们不知道 TPP 最终如何实现，但在中国看来，其发展趋势类似于冷战期间西方所实施的"战略性贸易"（strategic trade）。

对美国来说，TPP 的一个潜在的课题就是如何应付中国经济模式。在西方，中国被视为国家资本主义的代表。中国尽管加入了世界贸易组织等国际经济组织，也努力在和世界"接轨"，但在西方的眼中，中国并没有按照"规则"办事情，或者只是有选择性地遵守。尤其近年来，西方深陷经济危机，更是把矛头对准中国，把世界经济失衡的责任推到中国头上。从纯经济角度看，TPP 无疑是为了推进世界经济的高度自由化。同时，TPP 本身又是一个开放体，原则上中国也可以通过和其他国家的谈判来加入。不过，要中国放弃如此大的经济主权，在短时间内很难实现。这样，TPP 必然对中国带来更大的压力。从长远来看，中国要么改革而变得更加开放，为加入 TPP 创造条件，要么被排挤在外。但从目前来看，中国最为担心的是 TPP 的战略性质，而非经济性质，正如越南、日本等国家的主要考量是战略上的一样。

就中国的周边外交来说，中国最难以面对的就是"美国的存在"这个事实。不管是因为历史的因素还是现实的因素，美国和中国周边国家的关系千丝万缕。一些人往往简单地把中国和周边国家的关系视为中美关系的一环，把所有的麻烦和问题与美国联系起来，似乎没有美国，就不会有任何问题了。因此，从主观上说，一些人还是想着有朝一日把美国势力赶出这个领域。中国的一些行为（主要是发出反对美国在亚洲存在的言论）也被美国人解读成中国要把美国赶出亚洲的努力。对当今世界唯一霸权的美国来说，中国人的这种心态令其十分担忧。

在一定程度上说，中国的问题就是不能把"美国的存在"当成思考问题和解决问题的起点。当其他国家把这个因素当作起点，把"美国的存在"作为工具而把国家利益最大化的时候，中国很多人似乎不想承认或者不愿面对这个现实，把"美国的存在"视为负面的因素，视为一切问题的根源。如果换一种思维，情况就可能很不一样。中国能否利用"美国的存在"这一事实把自己的国家利益最大化呢？现实的逻辑是这样的：当美国感觉到中国在排挤美国的时候，其会尽一切力量来保持和强化其在亚洲的力量，来挤压中国在亚洲的空间；当美国感觉到中国欢迎美国在亚洲的存在并且愿意合作的时候，美国反而会愿意"分享"其在亚洲的空间。

今天中国面临的困境是：美国感觉到中国要把其赶出亚洲，因此努力通过各种途径来强化其在亚洲的存在，利用中国南海等问题只是美国诸多手段之一；而中国感觉到处处受美国的挤压，要调整战略来应付美国，如果不能直接针对美国，那么也要针对美国在亚洲的盟友。这是国际政治上典型的"安全困境"。而这个困境的根源在于中美两国对自己都没有足够的信心，对对方没有基本的信任。

很多迹象表明，中美两国有倾向陷入这个"安全困境"。美国已经有了很清晰的思路和很多的动作来强化其在亚洲的存在。中国尽管还没有改变其政策，但社会层面的政策争论已经开始。从目前的政策争论中，人们可以想象几个场景：第一，正如有人已经提到，中国可以仿效美国，培养一个亚洲"古巴"，例如菲律宾，产生"杀鸡儆猴"的效应。也就是说，针对众多的周边国家，中国可以做选择，对不同国家实施不同的政策。在那么多周边国家中，存在一个"古巴"甚至两个，并不可怕。第二，中国也可以仿效美国，实行"战略性贸易"，建立自己版本的"TPP"，用经济手段，在奖励一些国家的同时惩罚另一些国家。考虑到中国现在是一个庞大的经济体，尤其是当欧美面临长期的经济困难的情况下，这种方式也是可以产生一些效应的。在过去，中国一直在提倡"外交为经济服务"，当中国的经济反过来为外交服务的时候，必然产生外在的巨大影响力。第三，中国甚至可以实行联盟政治。中国历来奉行不结盟政策，但在国际环境恶化的情况下，这种情况很可能得到改变。实际上，中国独特的主权概念有利于结盟，也就是说中国不会像西方国家那样干涉别国内政。这种倾向有利于中国和具有不同政治体制的国家打交道。尽管中国不能像美国那样搞"民主价值"同盟，但经济同盟也会很有效，尤其在亚洲。即使是在战略上，虽然现在很多国家因为中国的军事现代化对中国表现出极大的担忧来，但如果中国真正在战略上崛起了，情况就会很不相同。也就是说，当中国真正能够在安全战略上为其他国家提供"公共服务"（public goods）的时候，外在世界对中国的认知会发生有利于中国的变化。今天，很多亚洲国家需要美国在亚洲的存在，不仅仅是因为它们对中国的担忧，更是因为美国有能力提供"公共服务"，而中国则没有。

但是，问题在于，中国有必要作这些选择吗？很显然，这些既不是中国追求国家利益的最有效方式，更不能使得其国家利益最大化。面对美国当前的对华政策，中国应当有一个合理的判断，是威慑（deterrence）还是围堵（containment）？威慑指的是，美国的政策是为了防备中国做对美国不利的事情；围堵指的是，美国的政策是遏制中国的外在影响力甚至中国的内部发展。不同国家对同一政策往往会有不同的解读。例如美国认为其驻军澳大利亚是对中国的威慑，但中国认为这是围堵。再者，威慑和围堵战略也可以并用。例如在冷战期间，美国一方面用核武器来威慑苏联，另一方面用"孤立"、战略性贸易、西方同盟和军事竞赛等方式来围堵苏联。

理性地说，美国对中国的围堵已经不可能。中国毕竟不是苏联。中国没有像苏联那样要和美国竞争世界霸权的计划，而且中美两国至少在经济方面已经高度互相依赖，同属一个体系。不管美国政府的意向如何，要美国的经济界完全脱离中国没有可能。所以，对美国来说，其对华战略充其量来说就是"威慑"。

如果是"围堵"，那么中美两国就没有了合作的空间。但显然，这不是事实。实际上，中美两国关系的最高层面仍然是合作。美国需要中国的合作，中国也需要美国的合作。自从20世纪冷战期间形成中美建交对抗苏联霸权格局以来，中美这两大国之间的关系就具有了全球意义。现在更是如此。没有了苏联，中美关系可以说已经成为国际关系的主轴。作为唯一的霸权，美国对中国有两种态度。一是需要中国，二是防备中国。

美国首先需要中国。美国现在处于相对衰落地位，需要中国承担更多的国际责任（对美国而言）。这也就是美国这些年来宣称"中国责任论"背后的原因。美国也一直在抱怨中国是"搭便车者"，没有承担应当承担的国际责任。对美国来说，中国拥有的国际空间取决于其所承担的国际责任。

对中国来说，也是可以有效利用美国的这种对中国的需要的。例如中国的军事现代化经常被美国和周边国家视为对区域安全和稳定的威胁。如何应付？中国的军事现代化不可避免，不会因为外界的担心而停止，但外界的担忧也是必须正视的。如果双方互相误解，造成一场军事竞赛，那么就会对中国大大不利。无论是中国的政治体制还是经济结构，中美之间的军事竞赛必然促使中国走向苏联的军事经济道路，从而使得经济不可持续。中国要军事现代化，但又要担心陷入军事竞赛，那么就必须改变军事现代化的方式，那就是要把军事现代化放置于中国的国际责任的话语中，并且也必须在政策层面保证其更为透明和可预期。

即使对很多人所担心的TPP，中国也应当做理性的解读。没有中国的参与，TPP就没有多大的意义，这一点连美国人也是意识到的。美国的意图也在于给中国施加更大的压力，使得中国经济更加开放。因为在美国人眼里，中国享受了进入"国际体系"的好处，而没有承担足够的责任。但因为TPP的开放性质，中国也可以变被动为主动，尽早和一些国家开始谈判，尽早以参与的方式来影响其进程，避免最后TPP成为美国主导的针对中国的经济贸易集团。这样做，对美国和中国都是互利的。

在下一个层次，美国才会考虑上述讨论的"威慑"和"围堵"等方面的策略，也就是说，美国要防备中国挑战其"老大"的位置，也就是说阻止中国取代美国霸权。中国周边如此复杂的地缘政治环境恰好为美国提供了无穷的机会，从黄海、东海、中国南海到印度洋，从新疆、西藏到台湾，美国有太多的文章可做。而美国这方面的动作也是中国最为担忧的。

美国从中国周边入手来防备中国，不难理解中国的回应。但是也不难看到，要处理好中美关系，中国必须从前一方面做文章，也就是从国际或者区域责任的角度。中国要承担区域甚至国际责任。中美两国对责任有不同的理解。中国有自己的责任定义，不想承担美国所定义的责任。尽管有这种分歧，但一定的共识也是可以达成的。美国是体系的"老大"，中国是"老二"。美国要对整个体系负责（尽管其背后是美国的自私自利），中国在很大程度上也要为整个体系负责。就是说，无论对美国还是中国来说，中美两国有很多重合的利益，并且体系的整体利益和中美两国各自的利益也有很多重合的地方。如果中国能够在这一个层面和美国形成更大的合作关系，那么在周边层面中国可以大大减轻来自美国的压力。如果中国能够从体系的角度来考虑自己的利益，那么周边国家对中国的认知和态度也会全然不同。

和美国一样，中国实际上也在尽力"拉拢"周边小国家。越南和菲律宾最近这些年使劲拉拢和靠近美国，但中国并没有放弃，而是试图用经济因素使其不要过于靠向美国。然而，中国的努力并没有正面效果。相反，中国越拉，这些国家越靠向美国。为什么？这里的因素很复杂，但其中有两个因素至关重要：

第一是中国的区域责任。20世纪以来，中国花了很大的精力来和东盟国家改善关系。除了在经济上非常成功之外，其他方面也有向好的趋势。但中国没有处理好中国南海问题。尽管中国认为南海问题并不是由中国引起的，而是越南和菲律宾等国所致，中国只是被动反应罢了，但中国忘掉了自己已经至少是区域大国，不可对像南海问题这样重要的问题毫无准备。在处理这样的问题的时候，很显然必须将其放置于中国和东盟区域整体利益之内。在没有准备好如何在区域整体利益内来解决问题的情况下，中国的反应不仅给予了当事国（越南和菲律宾等）更多的理由来邀请美国，而且也失去了其他和这个问题没有关联的国家的同情和支持。对这些国家来说，尽管它们和主权纠纷不相关，但它们必须关注区域的整体利益。很显然，无论是美国还是其他国家，都是用国际水域"航道安全"来论证对中国南海问题的关切的。

第二是中国忽视了小国家天生惧怕单独和大国打交道这一事实。在理想层面，中国提出和平崛起等政策口号，不让任何一个国家感受到威胁。但这并非容易。中国的真诚很难让小国家感觉得到。这就要求中国从小国家的角度来理解问题。这方面，中国如果学习美国，即不尊重小国家，那么小国家更会靠向美国。有关中国南海等问题，中国要争取双边主义的突破。如果不能突破，那么也可以改变传统双边主义的做法，转型到现代新型的双边主义，即在多边（中国和同盟）的构架内来讨论双边问题。这就可以大大减少小国家的担忧和恐惧感。实际上，近年来有关南海各方行为准则的讨论已经前进了很大的一步。中国必须往多边主义方向努力。在越南和菲律宾的案例上，中国力图通过经济方法促使这些国家回到传统的双边主义，这种努力很大程度上会适得其反。事实上也如此。

不管怎样，无论是和美国的关系还是在中国南海问题上，中国仍然有很大的外交空间。这些空间的拓展无疑可以增加应付自己所面对的挑战的可能性，有可能避免和外在世界的对抗，而增进国家利益。但拓展这些空间的前提就是要解放思想，改变传统思维方式。

十、和印度要确立一种什么样的关系?

从地缘政治的角度来看,东边的日本(连同美日同盟)已经对中国的海洋地缘政治构成了有效制约,那么西南边的印度又如何呢? 实际上,在地缘政治的构架内,无论从哪个角度来看,中国和印度的关系越来越具有特殊的重要性。

中国在西边没有直接的出海口,离中国最近的就是印度洋了。中国通往印度洋必须通过邻国巴基斯坦或者缅甸,但这样做的时候面临着几乎不可超越的困难。顾名思义,印度洋对印度至为重要,是印度地缘政治的核心。印度会通过任何可能的办法来阻止中国通向印度洋。如果中国要通过巴基斯坦进入印度洋,那么就会使得印度和巴基斯坦的关系复杂化。中国如果通过缅甸通往印度洋,同样会遇到缅甸的问题。作为主权国家,缅甸也在追求国家利益的最大化。尽管缅甸和中国一直具有深厚的关系,但是随着缅甸国内政治的变化,这个国家已经开始游走于印度、美国和中国之间。如同其他所有同盟国家一样,缅甸不会完全依赖于一个国家,其国际空间和国家利益的最大化取决于缅甸和诸大国的关系。

从国土面积和人口来衡量,印度是中国的最大邻居。和中国一样,印度也正在急速现代化,经济快速发展。无论是内部追求现代化还是外部追求国际地位,印度和中国都有共同之处。更为重要的是,也和中国一样,因为社会经济的发展,印度国内的民族主义也一直处于高涨状态。中国的民族主义主要是针对日本和一些西方国家的,印度民族主义主要是针对中国的。针对中国的民族主义既存在于民间,也存在于政府官员当中。近年来,中印两国围绕着领土主权纠纷一直在发生着不同程度的冲突。改革开放以来,中国已经解决了和俄罗斯、越南等国家的陆地主权纠纷，但和印度的主权纠纷的解决不仅没有进展，而且经常出现程度不等的危机局面。现在看来，越来越多的因素阻碍着中国解决和印度的领土纠纷，这些因素包括：中印两国各自的民族主义趋于高涨，两国社会媒体的发展使得任何具有"秘密性"的外交变得不可能，印度的民主制度很难产生一个强有力的政府，等等。

也同样重要的是，印度涉及中国的西藏问题。境外藏人流亡群体的所谓"西藏流亡政府"设在印度，表明印度政府和社会可以对"流亡政府"产生直接的影响。印度可以促使"西藏流亡政府"成为中国的麻烦，也可以促使"西藏流亡政府"不成为中国的麻烦。也就是说，"西藏流亡政府"是印度和中国交往过程的一个有效工具。印度作哪一种选择则取决于中国和印度的关系。

除了中印双边关系，印度之外的因素也在影响着中国和印度的关系。为了制约或者平衡中国，包括美国和日本在内的其他大国也一直试图和印度结盟（中国也不能忘记，在冷战期间，印度和苏联的关系也是针对中国的）。尽管印度在经济上仍然较中国落后，但印度自称为世界上最大的民主大国（人口最多）。也就是说，印度和美国、日本以及其他西方国家享有共同的民主价值。和西方国家一样，民主自由是印度在国际社会的软力量。因为意识形态因素，美国经常发现和印度有"共同语言"，因此在一些核心问题上（例如核武器问题）对印度网开一面，用各种方式容忍印度。这些年来，面临中国的崛起，美国一直在思考着如何把印度纳入美国的国际网络内，和美国合作来应付中国。日本也仿效美国，要和印度建立"价值同盟"来应付中国的崛起。实际上，美、日、印正在努力发展出战略和军事协调机制。

另一个与此相关的因素是中国和印度在中东、非洲区域的互动。和中国一样，作为崛起中的大国，印度对海外能源的需求也越来越大，非洲和中东对印度的重要性甚至甚于对中国的重要性。中国在非洲和中东更主要的是经济利益，而对印度来说，除了经济利益，还有直接的地缘政治利益。在非洲，印度的影响尤其是经济层面的影响发展得也很快。中国在非洲的影响力主要来自于国有企业部门，而印度的则来自于私营企业。中印两国在非洲有竞争也有合作。尽管两国在非洲的协调非常重要，但如何协调则还是一个未知数。但很显然，中印必须避免如从前欧洲老殖民主义者那样的大国竞争。

在中东，中印两国互动的情况更为复杂。中东传统上是美国的势力范围。近年来，中东正在政治"变天"。政治"变天"有内外原因。从内部说，最主要的是中东各国内部政治的变化，主要原因是传统的政治体制不能适合现实的需要。从外部看，最主要是美国中东政策的变化。美国针对一些中东国家发动的反恐战争不仅仅是反恐，而且也在改变那里的政治体制。美国的理想是在那里建立美国式的民主政治体制。但结果并不好，不仅所希望的民主制度建立不起来，很多国家在旧体制解体之后处于沦为失败国家的边缘。再者，美国因为页岩气的开采，正在成为能源大国，这意味着美国必将减少对中东能源的依赖。美国过去在中东的各方面投入（尤其是军事投入）和其在这个地区的巨大能源利益有关，一旦美国减少对中东的能源依赖，那么美国也必将减少在那里的军事存在。这表明，在不久的未来，中东会出现美国撤出之后所出现的安全真空。这个真空的竞争者主要有三个大国，即俄罗斯、中国和印度，尤其是中国和印度。俄罗斯在中东只有安全利益，而少有能源经济利益，因为俄罗斯本身也是一个能源大国。中国和印度在中东的地缘政治利益是多方面的，包括能源、安全和反恐等等。中国和印度如果在中东合作得好，那么便有利于各方；反之，如果不能合作甚至发生冲突，那么就会互相损害对方的利益。

面对这样一个印度，中国应当与其确立一种怎样的关系呢？

正是因为上述这些要素，从亚洲区域甚至全球范围内看，对中国来说，从长远来看，中印关系是仅次于中美关系的一对最重要的关系。这表明，中国要把印度提高到中国国际关系的战略水平。在最大限度上，和印度关系搞好了，中国西边的陆地地缘政治甚至海洋地缘政治都会得到稳定。在最低限度上，中国必须千方百计防止印度倾向美国和日本。如果搞不好和印度的关系，印度本身或者印度联合其他国家，可以为中国制造无穷的麻烦。印度近年来和美国、日本靠近，尽管有美国和日本的因素，但也有中国因素的影响。作为邻国，印度本来就对中国的崛起抱有戒心。而边界问题不但没有稳定下来，而且经常发生一些小冲突，更引发和强化印度的对华民族主义，尽管边界问题是中印两国互动的产物，责任并非完全在中国一边。

要处理好和印度的关系，首先必须把印度提高到中国未来外交战略的高度。尽管现在印度并非那么强大，也说不上是强国，但随着其现代化的进展，印度具有很大的潜力成为大国。对这一点，中国方面的认识并不很清楚。改革开放以来，中国关注的对象是美国，领导层把大部分精力放在美国。对美国问题，领导层自己抓，印度问题并不在领导高层的议程里面。在政策操作层面，中国的对印政策的主体是低层官僚（包括军方）所为。很多对印政策都停留在战术领域，和印度的互动主要表现出反应性的特点，也就是以牙还牙式的。这个特点非常清楚地表现在近年来最具有争议的边界问题上。在边界问题的互动上，很难看到中国的战略意图。当然，印度也没有。这种没有战略意图的日常互动稍不当心，便会酿成国家间的大问题，如果不是公开的冲突的话。

中国也必须加深对印度的认识。对印度的认识是对印度政策的基点。确切地说，中国对印度的认识仍然非常肤浅。传统上，中国对印度的理解仅仅局限在文学艺术文化方面，对其政治、经济、社会制度、外交战略等方面了解甚少。因为高层领导把眼光放在美国，中国的学术圈也把眼睛盯着美国，没有多少人对印度感兴趣。在学术和政策圈内，研究美国有很大的利益，而研究印度利益甚少。中国现在对印度发表意见最多的就是那些没有多少学术和经验知识背景的媒体工作者，还有那些所谓的公共知识分子。印度的情况也差不多，政策圈和学术圈不了解中国，发声的也是一些媒体人士和公共知识分子。因为两国都是如此，经常触发两国间毫无理性的"言语"对峙，往往表现为激进的民族主义声音。

随着印度的发展和中印两国之间各种问题的浮现，中国对印度的认识必然要开始。这里不能讨论中国如何认识印度，但有一点中国必须把握，那就是，和中国一样，印度也是一个文明国家，倾向于实行独立的外交政策。正如中国本身，印度很难成为另外一个大国（美国或者日本）的附属。近年来，每当美国或者其他大国（例如日本）访问印度或者和印度达成什么协议，中国方面的主流声音必然斥其为"阴谋"，认为印度和这些国家做什么都是针对中国的。这种简单的思维一旦成为外交思维，那么中国很难有正确的对印外交政策，也很难确立有效的中印关系。和印度的关系要从最基本的做起，最终才能提升到战略层面。

十一、如何实现军事崛起？

军事现代化是中国国家现代化的最重要的衡量标准。一个国家如果只有军事崛起，而没有其他方面的崛起，那么军事崛起便是不可持续的。但如果没有军事崛起，而只有经济社会等其他方面的崛起，那么也很难说是一个强国。自近代以来，军事力量是一个国家现代化的标志。早期帝国主义时代，一个国家是否强大主要是以能否取得战争的胜利来衡量的。欧洲列强之间经常发生战争，但战争只是它们竞争强国地位的有效手段。

那个时候，使得列强之间战争合法化的是基于达尔文进化论的社会达尔文主义，其奉行的是"弱肉强食"的原则。帝国主义对外的侵略，也就是殖民主义，往往是用枪炮征服和统治其他较不发达社会。可以说，军事力量是名副其实的硬力量。只是到了当代，在所有西方国家具有了强大的军事力量之后，它们才开始讨论"软力量"。软力量当然很重要，但要清楚地认识到，没有硬力量，软力量本身很难在国际社会发挥作用。在很多时候，软力量就是硬力量的"软"用。当然，往往体现为文化和价值观等的软力量，如果用硬力量来推动，销往其他具有不同文化和价值观的社会，那么软力量也会变得很"硬"。中国如果要崛起成为世界强国，硬力量的建设和发展无疑是首要的。而所有硬力量当中，军事力量便是最主要的。

今天，中国军事崛起的议题变得越来越现实。随着中国经济的继续发展，国家对军事现代化的投入越来越大。这和其他国家没有什么区别，一个国家的经济发展到一定阶段，必然会通过不同的方式转化成为军事力量。中国现在已经是世界第二大经济体，从人均收入水平来看，也已经进入中等收入社会。这表明，中国的军事现代化已经具备了相当的经济基础。同时，中国各方面的技术发展也达到了一个转折点或者突破口。这些年来中国航天、高铁、电子等方面的民用技术的发展都具有军事含义。

再者，中国经济"走出去"也必然导致战略的"走出去"。任何一个国家，随着其经济力量走向世界，其军事力量也会跟着"走出去"。中国在改革开放之后的不长时间里，已经从一个资本高度短缺的国家转型成为一个资本过剩的国家，同时中国又是一个贸易大国。这两个事实表明，中国的资本也必然"走出去"。从本质上说，中国的资本和其他国家的资本并没有什么差别，就是要走向能够盈利的地方。资本走出去了，但如何保障走出去资本的安全呢？现在的世界和早期殖民主义的世界已经很不相同。现在已经有包括世界贸易组织在内的很多国际经济组织来保障各国在海外的投资。但这并不表明，军事力量变得毫不重要了。相反，军事力量的重要性没有降低，反而在增加。尽管主权国家之间的军事冲突有减少的趋势，但非政府角色在国际事务中扮演越来越重要的角色。就贸易来说，海上航道的安全经常被海盗所威胁。国际恐怖主义更是对人类生活的各个方面构成威胁。这些都需要军事力量来对付。今天，越是全球化，世界就越需要全球"公共服务"（public goods），包括海上航道安全以及国际人、财、物免于恐怖主义的威胁等等。小国还可以依赖大国提供的公共服务，大国则不可以。就是说，大国必须负责提供全球性公共服务。大国在建立和维持国际秩序方面必须承担更大的责任。

中国必须成为一个能够提供全球公共服务的负责任大国。到今天，尽管中国也在提供力所能及的全球公共服务，例如为联合国提供"维和部队"，在联合国构架内派军舰到非洲索马里护航等，但总体上说，中国还是被视为一个"搭便车者"，即使用其他国家尤其是美国提供的全球性公共服务。这的确也是一个事实。在过去三十多年来，中国的发展主要是内部的发展，海外的发展只占据次要的位置。中国并没有过多地考量提供全球性公共服务。同时，中国也没有多强的实力来这样做。按从前大国的经验，无论是英国还是美国，要提供全球性公共服务，最主要的是需要军事硬实力。没有足够的军事硬实力，提供全球性公共服务只是空谈。无论是英国还是美国，之所以能够提供全球性公共服务，关键在于它们都是海洋国家，关切海洋地缘政治，也是以海洋地缘政治为基础来进行军事建设的。如同前面所讨论过的，在海洋地缘政治方面，中国才刚刚开始。这也表明，为海洋地缘政治服务的军事建设也刚刚开始。

中国的军事崛起有需要，也有必然。但军事崛起在一个国家崛起的方方面面中是最为艰难的。这些年来，随着中国的军事投入的增加，国际社会也给予了中国军事现代化越来越多的关切。在这样的情况下，如果其他国家视中国的军事崛起为威胁，那么也必然会在军事上和中国竞争，最终有可能导致中国和其他国家间的军事竞赛，而这正是中国必须避免的。从从前大国崛起的经验来看，中国军事崛起至少必须考量如下两个大问题：

第一个大问题是军事崛起的可持续性。从历史上看，简单地说，军事的崛起有苏联模式和美国模式，前者表现为不可持续性，而后者表现为可持续性。中国的选择是不言自明的。对中国来说，所要回答的问题是：为什么苏联模式不可持续，美国模式是可持续的？从军事现代化的视角看，苏联模式也曾经取得了辉煌的成就，国家在短时间内动员大量的人、财、物来搞军事现代化，其军事技术曾经领先世界。但这种基于国家动员模式的军事现代化并没有持续下去，主要有两个原因：一是苏联有称霸全球的野心，也就是搞帝国主义政策。在整个冷战期间，世界一分为二，形成以苏联为核心的东欧集团和以美国为首的西方集团。苏联的军事现代化的目标非常专一，那就是和西方集团竞争。要竞争，当然必须把西方集团视为敌人。无论是争霸的冲动还是来自西方集团的威胁（不管是真实的威胁还是观念上的威胁），都促使苏联走向国家动员体制来搞军事现代化。军事现代化的这种使命感一方面促成了其军事技术的飞跃式的发展，另一方面也很快耗尽了国家的人财物力。二是苏联的军事现代化模式。在和美国竞争的过程中，苏联整个国民经济军事化，国家的大部分经济活动都在为军事服务。这种畸形的国民经济，结构严重失衡，社会的基本需求得不到保障。这两个因素最终导致了苏联的失败。实际上，苏联当时的国民经济结构，即计划经济和这个体系之内的既得利益集团（主要是军事经济），使得其竞争者美国找到了有效的手段促成苏联的早日解体。这个手段就是和苏联搞军事竞赛。美国一搞军事竞赛，苏联就感受到了威胁，国家必然把最大量的资源导入军事经济，而这些资源又落到既得利益集团手中，既得利益集团利用国家利益的名义追求私利。所以说，苏联是在美国促动下自我解体的。

美国模式很不相同。在第一层面，也就是和苏联争霸、搞军事竞赛方面，和苏联是一样的。因为把苏联视为竞争者和敌人，美国也动用了巨大的人、财、物，用于军事的现代化。冷战时代美国军事技术的突飞猛进，和苏联搞军事竞赛分不开。冷战后人们所看到的很多军事技术（包括电脑技术、太空技术）就是搞军事竞赛搞出来的。但为什么在这场竞争中垮掉的不是美国而是苏联呢？这主要因为有第二层面的不同。和苏联的计划经济不同，美国是典型的资本主义自由市场经济。美国没有像苏联那样的国有企业，政府对军事现代化的大量投入都进入私营企业。苏联的国有企业是最具有实力的既得利益集团，它们能够从政府拿到大量的投入，但效益低下，并且大量的利益流向了这些既得利益集团。尽管美国民营的军工企业也被美国学者称为既得利益集团，但和苏联的国有企业既得利益集团运作方式不一样。在美国，因为企业不是政府的，政府就有制度机制来监管企业。同时，美国政府可以引入市场机制，让很多企业来竞争政府的军事订单。强调竞争的美国制度最终战胜了强调垄断的苏联制度。

中国军事现代化要实现可持续发展，就要避免苏联的厄运。中国既要避免和美国搞军事竞赛，也要避免国民经济的军事化。

在第一个层面，目前的形势下，美国实际上把中国视为竞争对手，尽管中国的军事实力远不能和美国相比。对中国来说，把美国视为对手，向美国学习，不失为军事现代化的有效途径。但这并不是说，中国要和美国搞军事竞赛。中国没有实力和美国搞军事竞赛，中国也不需要这样做。和苏联不同，中国完全没有和美国争霸的意图。中国军事现代化的主要目标是国防。

这样的话，中国完全可以根据自己的需要和速度来搞军事现代化。

在第二个层面，中国如果要避免苏联的命运，就要克服更多的困难。尽管中国现在的经济已经是市场导向，但在很多方面，经济结构仍然类似计划经济时代。西方称中国为"国家资本主义"，这并不确切，因为除了国有企业，中国还有一个庞大的民营部分，低层的自由市场规模也不容忽视。不过，不可否认的是，国家垄断仍然在国民经济中占据主要地位，尤其在军事工业部门。在这样的情况下，一旦发生和美国的军事竞赛，政府必然把大量资源导入国有部门，而非民营部门。2008年全球金融危机时，政府推出四万亿的拯救方案，这四万亿都流入了国有部门，民营部门根本没有得到任何好处。这已经导致了社会上所说的"国进民退"的局面，就是说国有部门大举扩张，占据了原来由民营企业所占据的空间。今天中国国有企业和民营企业之间的结构性失衡就是国有企业大扩张的结果。如果发生军事竞赛，类似的局面不可避免。而这种情况就是冷战期间苏联的情况。

也就是说，如果军事竞赛发生，美国也可以用同样的方式来应付中国经济，最终促成中国的"自我击败"。很显然，尽管国有企业仍然会在中国的军事现代化过程中起主导作用，但应当有意识地去避免苏联的情况。这些年政府提倡把军工企业的投资开放给民营企业，但实际上的执行则少有人问津。中国应当学习美国，尽最大的努力促成军工的民营化。在这方面，还有很长的路要走。如果军事现代化要实现可持续，这是一条必须走的路。

中国军事现代化的第二个大问题就是要实现基于国家安全之上的国防和基于国际责任之上的国际合作。不和美国争夺霸权表明军事现代化保持在防御性的水平即可。不过，对外在世界来说，尤其是对中国的和平崛起来说，中国的军事崛起必须考量到区域化和全球化这两个重要因素。也就是说，必须把军事崛起放置于中国大国责任的构架内。在这个构架内，中国至少可以制定三方面的政策：

第一，制定一系列包括军事透明化在内的军事政策。透明化很重要，不透明，其他国家就会感到恐惧。考虑到中国特殊的地缘政治环境，透明化尤其重要。中国周边要不是像日本、俄罗斯和印度那样的大国，要不就是比较弱小的国家。这两类国家都恐惧中国的军事现代化。大国害怕的是中国和它们竞争霸权，而小国恐惧是因为不知道中国会对它们实行什么样的政策，是王道还是霸道。

第二，寻求不针对他国而针对区域或者国际秩序建设的国际合作。这种国际合作最典型的就是上海合作组织。这类区域组织旨在解决这个区域内所有国家都面临的共同问题。在军事层面，上海合作组织所要解决的是恐怖主义，它并不是针对其他任何国家的。随着各种要素的区域化和全球化，这类组织的重要性越来越显现。到目前为止，中国尽管在军事上奉行不结盟政策，但随着客观形势的变化，中国会有巨大的动力去构建这类组织。当然，这并不是说，中国会像美国那样和他国结成军事同盟。

第三，更为重要的是，中国必须用实际行动来表明，中国的军事崛起是为了提供区域和全球性的"公共服务"。如上所说，日益崛起的中国不可能一直采用"搭便车"的策略。"搭便车"既不能和中国的大国地位相吻合，更不能有效地保护中国自身的国际利益。如前面所讨论到的，在早期主权国家时代，衡量一个国家是否强大，是否是大国，主要是战争。但是在今天的全球化时代，衡量一个国家是否强大主要取决于这个国家是否能够提供全球性"公共服务"。现在，有越来越多的国家需要中国提供更多的全球性"公共服务"。到目前为止，中国在经济上已经开始提供，主要是通过积极参与包括世界银行和国际货币基金组织等国际组织发挥作用；在军事上已经参与到联合国主导下的"维和"活动。但这些远远不够。这也就是为什么西方世界很多国家一直在呼吁中国做一个负责的大国。中国的责任包括多方面，提供全球性安全便是其中最主要的一项。

国际责任也给中国的军事和平崛起创造了条件。如果中国能够把军事崛起放置于中国的国际责任的构架内，那么其他国家不仅不会感受到"威胁"，反而会感觉到中国军事崛起的必要性。从国际责任的视角看，中国的军事和平崛起不仅必要，而且也是可能的。例如在中国派军舰到非洲索马里海湾维持海上航道的安全问题上，在开始的阶段，各国媒体纷纷发表意见，质疑中国，但到现在，这些国家不仅都已经接受了这个事实，而且更相信这是必要的，是中国的责任。

承担国际责任可以有多种形式，既可以在联合国的构架内，也可以和其他国家合作，还可以是单独进行。在联合国构架内履行责任，这方面对中国来说并不难，而且已经展开，积累了不少经验。和其他国家合作刚刚开始，例如上海合作组织。这里，尤其要强调中美两大国之间的合作。美国现在是全球性责任最大的承担国，但已经力不从心，因此要求中国承担更多的责任。但中美两国并没有实质性意义的军事合作。两国之间互相猜疑，没有信任度。从长远来看，如果中美两国不能合作提供全球性"公共服务"，那么无论是美国还是中国都很难单独提供。中美两国现在有战略对话，这个领域具有很大的发展空间。而中国单独提供全球性"公共服务"则可能要到比较后期才会发生。今天，中国既没有足够的能力来单独提供，而且很多国家也还没有认同中国。在这样的情况下，即使中国要提供，也会被其他国家视为威胁。等到未来中国被世界接受，也发展到具有足够的能力，中国才会开始单独提供全球性"公共服务"。在现阶段和今后相当长的阶段，中国还是会在联合国的构架内或者和其他国家合作来提供全球性"公共服务"。

十二、崛起过程中，如何建设软力量？

近代以来，一个大国崛起的首要标志是硬力量。所有硬力量的基础都是经济，没有经济上的崛起，就不会有包括军事、外交在内的各方面的崛起。或者说，没有经济的崛起，其他方面的崛起不足以使得一个国家产生国际影响力。大国首先是经济大国，然后是军事大国和政治大国。这里并不排除一些国家即使没有强大的硬力量，但可以发展出很强大的软力量，例如文化、艺术等。古代很多建立在文明之上的大国包括传统中国就是这样。但光有软力量而没有硬力量的国家，其对他国的影响力也会是有限的。例如今天很多小国都有很强的软力量（文学艺术和宗教等），但他们的国际影响力，也就是它们影响和改变他国行为的能力，并不显见。再者，如果硬力量不足，那么国防就成为大问题，软力量不能自保，作为软力量载体的国家也不能自保。

另一方面，建立在经济基础之上的各种硬力量必须软化；否则硬力量就很容易会被其他国家视为威胁。一个国家光有硬力量，从硬力量所能得到的影响力就会有限，也是不可持续的。从历史经验看，尽管硬力量和软力量两者很少有可能同时发展，但在一个国家发展硬力量的同时也要开始建设软力量。当然，这是一种理想的状态，在现实中，一个国家的硬力量和软力量的建设都是很不容易的事情。但如果没有软力量，维持硬力量的成本就会非常高，因而不可持续。苏联就是一个典型的案例。

中国各方面的硬力量正在崛起，继续崛起也不可避免。因此，如何建设软力量便是中国所面临的国际挑战。实际上，自从中国开始崛起以来，各种不同版本的"中国威胁论"从来就没有间断过。正因为这样，中国官方在国家发展的不同时期也提出了相应的政策话语，希望化解国际社会对中国的担忧。前面已经讨论过，在邓小平时代，中国实行"韬光养晦"的低姿态外交政策；在胡锦涛时代，中国又进一步提出"和平崛起"和"和平发展"的外交政策；近年来，新领导层有针对大国关系提出建立"新型大国关系"的外交路线。这些政策话语也起到了一定的作用，但并不能化解国际社会对中国崛起的担忧。为什么会这样？中国硬实力的崛起必然引发其他国家的担忧，这是正常现象。不管中国政府如何努力，这种担忧不会消失。问题在于，为什么外界对中国崛起有如此的担忧？其中一个要素就是随着中国的崛起和硬力量的发展，中国的民族主义也在崛起，并且变得很强大。而从国际关系历史上看，民族主义经常导致国家间的冲突。或者说，中国官方意在化解外界对中国崛起担忧的政策话语远远抵消不了民族主义的崛起所带来的"负软实力。"

矛盾的是，尽管民族主义在国际社会往往是一种"负软实力"，但对民族国家内部来说，则是一种相当有效的"软实力"。民族主义的崛起是一个国家崛起过程的必然现象，同时民族主义也有利于国家内部不同要素的整合。不过，民族主义必然对一个国家的外部关系产生很大的影响。从现象上看，民族主义往往和种族优越、民族优越、文化沙文主义等联系在一起的。因此，民族主义也是任何一个国家现代化过程必须超越的一环。中国也一样。随着国家的崛起，人民对国家的自豪感变得不可避免。但令人担忧的是，直到今天，中国的民族主义仍往往包含了近代以来的受害者情结和崛起之后的复仇情结。再者，在西方，很多政治人物和学者仍然受欧洲历史的影响，把中国的崛起和欧洲德国的崛起联系起来。在亚洲，人们也拿中国民族主义和日本战前的民族主义做比较。言下之意就是，中国的民族主义也有可能重复德国民族主义和日本民族主义往日的道路。我们对这种关联不可忽视，因为一旦这种关联成为其他国家决策者考虑对华关系的起点，那么中国和其他国家尤其是大国的冲突有可能变得不可避免。例如，当尼克松政府发动越南战争时，就认为胡志明是亚洲的希特勒。如果胡志明就是希特勒，那么越南战争就是符合道德的正义战争了。因此，中国必须有意识地避免其他国家把中国的民族主义和德国、日本的民族主义相提并论，在实践层面，更需要回避走这条导致"自我击败"的道路。

中国当然不存在德国、日本那样的战争导向的民族主义，这种概念只是西方的误解。正因为这样，中国政府近年来选择了"文化走出去"。这里的理论前提是：外在世界之所以对中国有这样的误解，主要是因为外在世界不了解中国，特别是中国的和平文化，等等，如果外在世界了解了中国文化的方方面面，那么外在世界的这种担忧就会消失。"文化走出去"政策背后的这种理性并非没有一点道理。但是，"文化走出去"现在面临着很多问题。

一个严酷的事实是，大家都知道了中国文化要走出去，但谁也不知道文化方面什么东西要走出去，什么样的文化才能改变他国对中国的看法，让他国不再感到中国有这样那样的威胁。正如商家做营销，首先自己必须有产品，营销只是包装和策略问题。营销得当就能够改变人们对你所有的产品的认知，甚至确立对你的产品的认同感。但无论如何，首先必须有高质量的产品。如果产品质量低下，营销做得怎么好也无济于事。

无论从历史还是现实看，一种文化要成为软力量，至少需要三个条件：第一，这个文化，不管是产自本土还是结合了从外面"输入"的因素，必须是能够解释自己。如果一种文化不能解释自己，那么如何能够让"他者"了解自己呢？第二，这种文化必须能够让"他者"信服，信任。如果"他者"对这种文化不能信服，不能信任，那么便是没有软力量。第三，也是更为重要的，"他者"能够自愿接受这种文化，"自愿性"是软力量的本质。具备了这三个条件，文化是不需要被推广的，尤其不需要通过政治力量去推广。在唐朝，没有政府到处去推销文化，但文化到达了东亚社会的各个角落。近代以来西方文化的传播，基本上也不是依靠政府的力量的。如果一种"软力量"需要政府去推广，那么人们一方面就可以怀疑这一文化是否"软文化"，另一方面也会感觉到很硬。例如，西方的民主自由等价值是西方政治软力量的核心，但如果西方政府通过各种手段要把这些价值强行推销到其他国家，强迫其他国家接受，那么便不是"软力量"，而是"软力量"的反面。

中国现在还不具备这样一种软文化，因此我们很容易理解各种"推销"行为为什么显得那么吃力。中国现在所有的，是一种"依附性"的知识体系，要不依附于自己的历史传统，要不依附于西方文化。中国文化里面包含有传统因素，或者外国文化因素，或者是两者的结合，这不仅没有问题，而且也是优势。但这种文化必须能够满足第一个条件，即能够解释自己。传统文化曾经辉煌过，但已经不能解释现实中国了。中国现在缺少的是能够解释自己的文化产品。今天，我们所有的产品大多是复制品。政府一直在提倡"文化创新"，但很多人在进行所谓"文化创新"的过程中，要么简单照抄照搬，要么就是仅仅处于应用性层面，也就是西方技术，中国材料。在很多方面，中国往往是用人家的话语来说明自己，结果是很显然的，就是，越说越不清楚。中国那么大的一个国家，而且是基于文明之上的国家，很难像一些非西方的小国那样，用西方的话语来打扮自己。再者，因为中国努力抵制西方式政治制度，而不能像日本那样把自己打扮成为西方国家。中国强烈反对西方把自己的逻辑强加给自己，这没有错，问题在于，什么是中国自己的文化逻辑呢？没有人能够说清楚，因为我们没有自己的知识体系。

因此，也不难理解，中国在目前和今后相当长的一段历史时期里，最重要的议程就是进行文化创造，一种既能够解释自己，又让他人能够了解自己，并且自愿接受的文化。这样一种文化才具备软力量。自近代以来，从经验上看，一个国家在创造这样一种具有软力量的文化时面临两大挑战：一是如何克服内部的民族主义，二是如何建设其他国家所能接受的文化和价值体系。

中国也不例外。这两个任务都很艰巨。第一个任务是如何软化民族主义。如前面所述，民族主义有其正面的地方，那就是强化人民的民族和国家认同感。但民族主义必须超越自身存在的两个主要特征，一是排外，二是非理性。也就是说，中国需要实行民族主义的转型，使得其拥有包容和理性的特征。这并非不可能。西方一些国家也具有强烈的民族主义，但同时具有包容和理性的特征。英、美、法、德等国家的民族主义并不是本来就具有开放性的，而是经过了很长时间的转型过程。美国早期很排外，但现在很包容。德国的民族主义更是基于种族之上，为其他民族（尤其是犹太民族）带来灾难，但现在也很开放。民族主义的开放、包容和理性是转型的结果。如何改造民族主义？这就和第二方面紧密相关，那就是要增加现有文化中具有的能够为其他国家所接受的成分，或者说要创新文化使得其具有普世性。

中国现在还没有发展出能够让其他国家欣赏和接受的文化价值。要发展具有软力量的文化，中国迫切需要建设中国本身的知识体系，任何一种文化的内核就是知识体系。在国际关系层面，这个知识体系必须是理性民族主义和普世文化价值的结合。民族主义所要表达的就是一个民族和国家的特殊性，而普世文化所要表达的则是一个民族和国家的普世性，也就是说和其他民族和国家的共同性。任何一种文化都是特殊性和普世性的结合。换句话说，每一个民族和国家都有其自身的核心价值，但同时也具有和其他民族和国家共同享有的共享价值。简单地说，中国的软力量文化的建设就是要把自己的核心价值和作为人类共同体一员的共享价值有机地结合起来。体现自己核心价值的文化或者知识体系就能够解释自己，而具有普世性的文化和知识体系就能够为他人所理解和接受。

十三、如何实现可持续的大国外交？

一个国家的外交是否能够成功和可持续，一要取决于国家的硬力量，二要取决于国家的国际关系战略。首先应当把一个国家的国际关系战略和外交做些区分。这是两个互为关联但又互为区别的领域，但在中国，人们并没有把它们区分开来。国际关系更多的是指我们这里讨论的一个国家地缘政治的客观格局，国际关系战略也就是这个国家根据地缘政治的客观要素制定的追求国家利益的蓝图。而外交政策则是根据一个国家的地缘政治和国际关系战略而制定的具体政策、途径和手段等等。如果说一个国家的国际关系更多的是取决于这个国家所面临的客观地缘政治因素，那么外交政策更多的是受这个国家的各种内部因素的影响，即人们所说的，"外交是内政的延伸"。

不管怎样，如果缺失这里所说的两个条件，即硬力量和国际关系战略，那么外交很难成功。但即使有了这两个条件，也不见得能够保证外交的成功，因为受国内各种因素的制约，一个国家的外交有可能实现这个国家的国际关系战略，也可能实现不了。

外交是国家间的事情，但对外交的政治重要性，每一个国家的认知是不同的。不同的认知导致不同的决策结构和社会环境。在今天的中国，最令人遗憾的是对外交的政治重要性的认知不足。在外交认知上，自近代以来，中国总体上来说经历了几个主要的阶段。

中国尽管是个文明古国，具有数千年的历史，但外交的历史并不长。在清朝之前，中国并没有一个类似今天的"外交部"那样的机构。传统上，中国人把自己视为世界的中心，"世界"

只是中国的延伸。中国在和其所知的外在世界打交道的过程中，也发展出了"朝贡体系"，朝廷也设置了机构来接待"朝贡"来使，但这并非近代意义上的"外交"。在西方列强来到中国之后，中国的精英们才开始发展出国际观来。中国传统形式的国家无法应对在西欧产生的近代形式的国家，中国的精英们才开始学习西方，包括外交。清朝设立近代形式的"外交部"，算是中国制度近代化的一部分。但即使这样，政府也并没有赋予外交足够的重要性。大概外交是个比较麻烦的领域，统治者中没有人想去碰它，甚至试图回避，总是派一个无足轻重的人物来掌握外交。等到外交方面出了像鸦片战争那样的大事情，皇帝才会派一个"王爷"之类的人去处理。

更为重要的是，在帝国主义时代，中国的"外交"很难说是真正意义上的外交。顾名思义，"外交"就是要"走出去"和其他国家交往，在国际舞台上追求自己的国家利益。大清帝国的"外交"是在自己的国土内部进行的，主要是抵御或者减缓西方帝国主义对中国的蚕食。最典型的就是李鸿章在中国的土地上进行的"大外交"。作为外交家，李鸿章直到今天仍然为人们所敬佩。没有他的"大外交能力"（即在各帝国主义国家之间的周旋），中国有可能早就成为西方列强或者日本的殖民地，而非后来毛泽东所定义的"半殖民地"了。不过，"弱国无外交"，李鸿章的"外交"天赋并没有能够阻止帝国主义对中国的蚕食。李鸿章自己也感叹，当时的清朝已经是一间"破屋子"，他仅只是一个"裱糊匠"而已，无力回天。

清朝解体之后，中国走上了重建国家政权的漫长的历史过程。从孙中山到毛泽东，各派政治力量和其他国家（主要是西方和日本）都建立了不同形式的关系。其间，国民党政权也曾经有过可圈可点的外交历史。但总体上，因为国家力量的弱小，中国并没有得到多大的"外交"空间。在很大程度上说，中国是作为西方国家（尤其是美国）的一个"工具"而被给予了一些外交空间。直到 1949 年中华人民共和国成立，中国才开始了真正意义上的外交。不过，当时外交的主要目标也并非是"走出去"，而是求生存，即在一个恶劣的国际环境里面求得新生的人民共和国的生存。由周恩来亲自来掌握外交，足以说明外交的重要性。也正因为如此，周恩来总理才树立了"外交无小事"的外交意识。改革开放前，中国所有的外交领域的突破，无论好坏，都是在毛泽东和周恩来这样的人物亲自抓的情况下发生的。

无论是内部还是外部，今天中国的外交环境完全是一个全新的局面，所可利用的各方面的外交资源已经今非昔比。在李鸿章时代，"弱国无外交"，但今天的情况又如何呢？很多人说是"大国小外交"，就是说国家越来越强大，但外交格局却越来越小。为什么？这是因为今天中国外交局面面临新的内外环境，主要的变化可以概括为如下四个"化"：

第一就是外交过程（包括外交决策和政策实施过程）中的利益多元化。在西方民主政体，多元利益的表达是外交过程的内在部分，各种利益通过各种制度化了的途径对国家的外交过程产生压力。中国现在已经发展成为一个多元利益社会，外交过程的多元利益表达也成为必然。各种利益的表达尽管并不像西方式民主那样制度化，但利益对外交的影响较之西方有过之而无不及。

有很多因素促进着中国外交过程中的利益多元化。改革开放以来，中国的发展是和全球化密切相关的。中国选择加入世界经济体系，并且通过调整自身和世界经济体系接轨。中国和世界的关系是一种利益的关联，也就是说中国已经成为世界经济的利益相关者。当然，说中国是利益相关者并不是抽象的，是中国内部的一些利益和世界经济确有许多具体的关联。中国现在已经成为全球化甚至是自由贸易的主要推动者。这一事实本身说明了中国经济全球化背后的庞大利益。从前，总是发达国家大力推动自由贸易，而发展中国家则努力推行贸易保护主义。中国从总体上说还是发展中国家，但对自由贸易的推动不遗余力。没有这个过程中的庞大利益，很难理解这种行为。

就 GDP 总量来说，中国已经成为世界第二大经济体。这一事实对中国本身的意义并不是很大，因为人均 GDP 还是很低，但对国际社会意义重大。越来越多的国家开始视中国为大国，并且给予非常的关切，从军事、战略和文化等等方面来衡量中国对他们可能产生的影响。当其他国家的众多利益和中国相关的时候，中国内部也会有同样多的利益产生，并且参与到外交过程中来。近年来，中国从军事、战略、媒体、文化等等各种外交主体的产生和发展既是外在客观条件的要求，也表明内部多元利益的反映。实际上，中国所说的"公共外交"也是一种利益的反映。

第二是各种声音的非理性化，尤其是情绪化。多元利益必然导致声音的多元化，这是个普遍现象，所有国家都是如此。但中国外交领域的声音的非理性化和情绪化则是令人担忧的。在众多的声音中，有两种格外引人注目。第一种就是外在世界称之为"民族主义"的声音。在主权国家时代，民族主义不可避免。民族主义是主权国家的世俗化了的宗教。在中国，人们并不担心真正的民族主义的崛起，人们所担心的是各种假装成民族主义的声音。很多看似民族主义的东西，就它们的本质来说，并不是民族主义，充其量只是"义和团主义"。民族主义的核心概念是国家利益，民族主义为的是增进国家利益，不管使用什么样的手段。这里，重要的是手段与目标的统一。但在"义和团主义"那里，两者并不统一。愤怒、强硬、打打杀杀等，是现代"义和团主义"的关键词。一种经常发生的现象是，各种自以为是民族主义的声音到最后刚好和国家利益背道而驰，严重损害着国家利益。自诩为"民族主义者"的群体，当他们认为政府在国际舞台上采取了强硬的政策或者举措的时候，他们就很高兴；但当他们认为政府采取的是软弱政策的时候，尤其是当他们认为政府是在向西方"投降"的时候，他们就很不高兴。只要主权国家还继续存在，民族主义就不会消失。对中国来说，问题在于如何确立各种理性的民族主义，使其一方面成为国家认同、国民团结的要素，另一方面有助于在国际社会追求国家利益的最大化。

另外一种声音正好相反，主要发生在亲西方的社会力量中间。他们或者和西方的利益密切相关，或者从理念上认同西方价值观，因此，他们总是希望政府和西方站在一边。他们的情绪和上述"民族主义者"相反。当他们认为政府是亲西方的时候，他们就高兴；但当他们认为政府是和西方背道而驰的时候，就非常不高兴。和"义和团主义"一样，这种经常自诩为"自由主义"的声音也是有损于国家利益的。实际上，和"义和团主义"一样，"自由主义"也同样是没有"国家利益"概念的。

第三是外交思维和行为的美国化。外交思维的美国化在一定程度上也是不可避免的。美国是当今世界的霸权，向美国学习已经成为中国社会很多人的共识。尽管中国有很多人不喜欢美国，但他们向往的则是中国变成美国。实际上，"向强权学习"是近代以来中国人所形成的一种心态和共识，因为长时间受强权欺负，人们便想通过学习强权，来应付强权。这种心态不难理解。不过，从清末和"五四"以来的几代人，他们一方面主张学习西方，同时也懂得中国自己的传统，包括蒋介石和毛泽东都是如此。他们中间，对很多人来说，学习西方只具有工具性意义，也就是"中学为体，西学为用"。但现在则不同，中国传统精神受到很大冲击，很多人根本就分不清楚什么是"体"，什么是"用"了。对他们来说，学强权的目的就是把自己变成强权，并且也像强权那样来作为。

20世纪80年代改革开放以来，这种心态变本加厉。其中一个原因就是"留学潮"。人们在美国和西方接受教育，也简单地接受了美国和西方的一切，包括它们的理论和概念。在国际关系和外交上，今天中国所出现的大量的理论都是从美国进口的，也有少量从欧洲进口。大多数人接受了这些外来的国际关系和外交理论，一些人甚至把它们当成真理来评判一切。当然，也有人意识到美国理论和概念的不足，想回归传统，但大多数人也只是用西方的理论和概念对中国的传统再作一遍解释罢了。没有人可以宣称，今天中国已经有了自己的国际关系理论和概念。

那么这种思维状态的实际行为及其结果如何呢？在中国的实际行为中，人们往往看到了中国外交中的"美国精神"。在现实面，无论是国际社会还是中国自身，很多人一直相信总有一天中国会取代美国成为世界强权。"取代美国"成为很多中国人的梦想；当然，对美国来说，这种结局必然是噩梦。这有两方面的影响：首先是中美关系。中国要"取代"美国霸权，而美国要避免"被取代"，这似乎正在逐渐成为中美两国互动的主轴。其次，对小国的影响也异常深刻。小国家并没有多大的选择余地，它们只能在大国之间进行选择。如果中国和美国同样是没有什么本质区别的大国，那么很多小国尤其是中国周边的小国，自然就选择美国。

第四是外交决策的分散化。中国尽管理论上仍然是中央集权制度，但这绝对不是说，中国的外交决策是集中的。正如中国的外交过程中出现多元利益，其外交决策的角色也是多元的。人们随便就可以指出很多和外交相关的党政组织和机构，包括外交部、中联部、国防部、商务部、国家安全部、地方政府甚至大型国有企业等等。外交决策角色多元化在其他很多国家也是如此。中国所不同于其他国家的在于缺失有效的协调和整合机制。这主要表现在两个层面：

首先，在党政层面，中国行政等级的至关重要性妨碍了党政层面的协调整合，也就是缺少横向整合机制。在中国，所有这些机构都处于同一行政级别，也就是部级。既然是同一等级，那么就是互不从属，谁也不用听从谁。各自为政是所有这些党政机构的通病。但在像美国那样的国家，一旦一个机构被指定为某一外交领域的主导机构，那么其他机构都必须为该机构服务，受该机构指挥，即使它们和该机构属同一行政级别，甚至高于该机构。也就是说，一个"部"级单位会被要求听从一个"局"级单位。但在中国，这种情况则可能是天方夜谭。

其次，更为重要的是，在最高层面，中国不存在一个类似于美国"总统国家安全委员会"那样的协调机构。这种"顶层设计"就是要在前面的横向整合的基础上再实现纵向整合。在横向整合机制上，如果说各个党政机构代表不同的制度利益，那么横向整合出来的利益很可能是各种利益体的整合。但是在外交事务上，各种机构所代表利益的整合并不见得能够代表国家整体利益，或者国家利益，这就要求在此基础上的纵向整合。"国家安全委员会"就扮演了这个角色。

中国表面上也有类似的"顶层设计"，即国家"外事领导小组"。但在实际层面，外事领导小组不可和"国家安全委员会"相提并论。后者是一个庞大的实体，而前者只是一个"电话中心"，或者会议召集机构。在20世纪90年代末，也一度提出了要设立"国家安全委员会"的建议，并且也进行了争论。但由于各种原因，这个理念没有能够转变成制度。在西方国家，除了总统（总统制）和首相（内阁制），外长和财长最为重要。美国的国务卿在正式的行政系列上的位置是第三，实际上的位置是第二。中国的外长不知道处于第几位，但很显然，外长只不过是众多外交角色中的一个，而且其行政级别并没有较其他角色高。外长在政治系统中的等级不够，权力不够，其他国家就会对其不那么重视。更重要的是，在和外国打交道过程中，很多本来应当抓住的机会往往流失掉。

在横向整合缺失，而纵向整合不存在的情况下，很容易产生两种情形：第一就是各党政机构自行决策，再提升为国家的决策。中国的很多外交政策很难说是国家的决策，而是各党政机构追求自我利益的结果。不同党政机构出台不同的外交政策，它们往往是互相矛盾，互相冲突。第二，高层的外交意志（如果有的话）很难成为政策，更不用说能够有效实施下去了。在毛泽东和邓小平"强人政治"时代，这种情况还不突出，因为尽管也缺失制度机制，但他们总能通过人事任命制度，来任命能够执行自己的政策意志的官员。但在"后强人政治"时代，没有一个领导人可以随心所欲地任命可以执行自己政策意志的官员了。

在一定程度上说，所有这些"化"的出现和存在很难避免，也不是异常。但如果这些"化"的负面后果不能加以克服和消化，那么受损的必然是国家整体利益。实际上，在越来越多的领域，中国外交和国家安全行为上，"国家利益"的概念正在被虚无化，甚至感觉不到其存在。也就是说，很难用"国家利益"的概念来理解中国的外交和国家安全行为。这种现象当然必须得到改变。

如果要实现可持续的外交，尤其是"大国大外交"，中国首先必须具有一个大外交的权力制度结构，没有这样一个结构，小外交的局面还是继续。如何改革体制？从体制运作的角度来看，中国的体制类似于俄罗斯或者法国半总统制的体制。也就是说，中国的国家主席和总理之间的分工类似于这些国家总统和总理之间的分工，国家主席和总统都是掌握外交权的。当然，中国的国家主席的权力主要来自于总书记兼任国家主席这一事实。如果意识到体制的这个特点，那么中国至少有两种相关的制度选择。一是改革目前的国家外事领导小组，设立"国家安全委员会"或者类似的组织，使得这个组织变成一个实体。国家外事领导小组尽管由国家主席（总书记）担任，但因为这个组织是个虚体，难以拥有重大的外交决策所需要的资源。"国家安全委员会"这个设想至今没有落实。中国作为一个崛起的大国，并且外交对于中国内政的重要性怎么强调也不过分，设立类似这样的一个大结构势在必行。

如果这一设置还有困难，那么至少必须有一位政治局委员，甚至是政治局常委，来专门负责外交，并且辅助总书记（国家主席），在国家外事领导小组开展工作。在中国，一个领域的政治重要性主要表现在该领域处理事务的领导的政治级别。钱其琛担任外长时是政治局委员。中国在当时那么严峻的国际环境下很快改变了外交环境，这是当时领导层亲自抓外交的结果，而当时的外交重要性也表现在人事任命的政治行政级别上。中国的大外交需要一个大权力结构来支撑。

再者，大外交格局的出现也要求中国吸收消化一些制度变革所带来的新情况和新挑战。例如限任制和年龄限制制度。限任制和年龄限制是改革开放后政治体制改革的产物，近年来越来越制度化。这些制度变革应当说是个巨大的进步。它们从制度上保证了个人专断已经成为不可能，也保证了领导干部的年轻化。但任何事物都有两方面，这些制度创新也带来了一些"缺陷"，就是如何确立政治责任。外交方面也如此。领导人物的频繁变换经常导致他们的短期利益观念，很难从长远利益的角度来考虑问题。这并不是说他们没有长远利益观念，而是说制度限制了他们不得不具有短期利益观念。而且，外交需要经验的积累，"资深"的概念对外交来说至关重要。从世界范围看，那些伟大的外交家和外交战略家都是"资深"人物，也就是一辈子在外交领域打拼的人物。但在中国，限任制和年龄限制使得"资深"不可能。

不过，这些"缺陷"并非不可能克服。从各国经验看，中国要把政治人物和职业外交家区分开来，也就是要在外交系统确立职业外交家（公务员）制度和政治任命制度的分离。政治任命是根据政治情况的需要进行的，并且需要从属于限任制和年龄限制，但职业外交家不能受政治任命的影响。这种分离既可以保证外交领域政策在变化和延续性之间的平衡，也可以充分利用职业外交家们所积累起来的经验。

光有职业外交家的经验仍然不足以确立大外交，因为职业外交家只是外交的执行者。更为重要的是，中国需要培养一些能够超越具体利益的外交战略家。李鸿章、毛泽东、周恩来和邓小平都是伟大的外交战略家。不过，现实地说，要中国出现类似的外交战略家已经非常困难。怎么办？中国可以培养出类似基辛格、布热津斯基那样的战略家。他们既可以来自职业外交家这个群体，也可以来自大学或者研究机构。但不管如何，他们必须超越具体的利益。他们不应当有具体的组织和机构利益，他们所要做的就是界定"国家利益"及追求实现国家利益的方法。这样的战略家必须和政治家配合，在重大外交决策上扮演重大作用。这样，就可以进而实现决策（政治家和战略家）和政策执行（职业外交家）之间的分离。

中国目前缺失培养战略家的环境。中国的情况是，主要政治人物对外交缺失兴趣，大学和研究机构的研究人员缺少与实际政治和政策的关联，职业外交人员只聚焦于具体事务的执行。这里，只有微观，没有宏观，更没有微观和宏观的关联。在这样的情况下，如何产生大的外交观念、大的外交格局？更为糟糕的是，中国的外交领域研究严重缺乏专业性，大多具有"重大影响"的研究类似于"报告文学"甚至"小说"，靠情绪、愤怒来产生影响。缺失专业研究精神使得外交战略领域似是而非，各种"阴谋论"满天飞。只有理性和科学才能探究未知的事物。没有理性和科学，那么只好假定什么都是"阴谋"了。例如，这些年来，美国人做什么都被当成"阴谋"。货币是阴谋、朝鲜问题是阴谋、南海问题是阴谋，等等。因为相信这些都是阴谋，所以自己只好无动于衷。结果呢，自己被各种阴谋所困，眼睁睁地等着各种外交危机的发生，损害了国家利益。

在外交的社会环境中，民意也正在变得不可忽视。外在世界称之为中国民族主义的崛起。因为愤怒是所谓的中国民族主义的主要特征，民意无论对中国的外交政策还是外在世界对中国的认知，都在产生着相当的影响。尽管还没有类似于民主国家的表达机制，中国的民意也不可避免地变得重要起来。不过，在很大程度上，中国外交领域民意的愤怒与其说是对外国的愤怒，倒不如说是对本国外交的不满。实际上，自民族主义传入中国以来，确切地说，自从五四运动以来，中国外交领域的民族主义大多是表达对政府外交行为的不满。但这种愤怒的民意经常导致中国的外交面临困境。

因为外交方面的欠缺，导致社会的不满意；社会的不满意导致政府官员必须照顾民意；照顾民意则很难保证外交政策的理性。这是一个恶性循环。民意和专业外交必须区隔开来。现在，中国大力提倡公共外交，但对公共外交要有正确的理解，这并不意味着外交的大众化。社会当然可以在外交上扮演积极的角色，但一旦公共进入传统外交领域，那么一个国家就无外交可言。美国是民主的典型，但美国的外交是高度集权的。如果中国所提倡的公共外交演变成外交领域的"泛民主化"，那么损害的必定是国家利益。

问题在于，如何消减公众对外交领域的愤怒？很简单，要跳出目前的恶性循环，那么首先必须把外交做好。外交做好了，公众的愤怒自然就会消退。公众的愤怒消退了，外交领域的自主性就会增强，政治家、战略家和职业外交家就可以更专业地把外交做好。专业的思想、专业的决策、专业的执行，这些是一个国家大外交的前提条件。尽管各种非政府力量在崛起，但这个世界仍然是主权国家时代。主权国家因此必须通过各种方式来强化自身作为外交主体的能力，而非被非政府力量拖着走。

中国内部的外交环境正在变化，对外交事务的挑战正在迅速增加。很显然，这些内部环境变化既有其必然性，也是可以加以改革的。如果不能根据新的内部环境来改革外交的思维、政策和执行结构，那么不仅很难追求"大国大外交"的理性局面，而且不同形式的外交悲剧也会变得不可避免。

（本文原题为"中国崛起中必须思考的十二个重大问题"，原载华南理工大学公共政策研究院《政策研究专题》2013 年 8 月专号。又载郑永年著《大格局：中国崛起应该超越情感和意识形态》，东方出版社 2014 年版。这次修订增加了"八、如何处理和东盟的关系，避免东盟的分裂？"一节，其原题为"东盟危机与中国对策"，与杨丽君合著，原载华南理工大学公共政策研究院《政策研究专题》2016 年第 11 期）